Erich Purk (Hrsg.)

Wasser, schenk mir dein Geheimnis

Der spirituelle Fastenbegleiter

D1923741

Verlag Katholisches Bibelwerk

Sollte es trotz gewissenhafter Bemühungen in einzelnen Fällen nicht gelungen sein, die Rechtsinhaber verwendeter Texte zu finden, bitten wir diese, sich gegebenenfalls mit dem Verlag Katholisches Bibelwerk in Verbindung zu setzen.

www.bibelwerk.de

ISBN 3-460-27117-5
Alle Rechte vorbehalten.
© 2004 Verlag Katholisches Bibelwerk
Umschlag: Finken & Bumiller, Stuttgart
Titelbild: Zefa, Düsseldorf
Satz und Repro: Rund ums Buch – Rudi Kern, Kirchheim/Teck
Druck: Ludwig Auer GmbH, Donauwörth

Inhalt

Vorwort

Die 40 Tage zwischen Aschermittwoch und Ostern sind für mich die Einladung, mein Leben neu zu bedenken. Der Weg zum Fest der Auferstehung bietet die Gelegenheit, den Blick nach Innen zu richten und neue Quellen zu erschließen.
Man kann heute von der Wiederentdeckung des Fastens sprechen. Fasten ist aber nicht nur ein leibliches, sondern vor allem ein spirituelles Geschehen. Verzicht und Diät allein bringen weder Heilung noch inneres Gleichgewicht. Auf dem Weg zur Wandlung des Herzens ist das Fasten aber hilfreich.
Es gibt kein besseres Bild, das die Schritte zur Erneuerung und Wandlung begleiten kann, als das des Wassers.
Wasser ist das Urelement der Schöpfung und durchströmt jeden Organismus.
Wasser reinigt und erneuert sich selbst im wunderbarem Kreislauf als Wolke, Regen, oder Quelle, die unseren Durst stillt.
Wasser zeigt seine Macht in der Sturmflut und formt die unergründlichen Tiefen der Ozeane.
Wasser wird zur Quelle, die mitten in der Wüste Oasen entstehen lässt.
Wasser wird zum Brunnen der Liebe, aus dem jeder schöpfen kann.
Wasser wird geheiligt in der Taufe, die uns die Neugeburt „aus dem Wasser und dem Geist“ schenkt.
Wer die 40 Tage der österlichen Bußzeit als Zeit der Besinnung und der inneren Auseinandersetzung mit der eigenen Lebenssituation nutzen möchte, hat in diesem Fastenbegleiter einen treuen spirituellen Weggefährten zur Seite.

Pater Erich Purk

Das Gesetz der Verwandlung

Wort der Schrift Für den Unreinen nimmt man etwas Brandasche vom Sündopfer, schüttet sie in ein Gefäß und gießt Quellwasser darüber. Ein reiner Mann nimmt Ysop, taucht ihn in das Wasser und bespritzt damit das Zelt sowie die Gefäße und die Menschen, die im Zelt sind. Der Reine bespritzt den Unreinen am dritten und am siebten Tag und entsündigt ihn am siebten Tag. Dann wäscht der Betreffende seine Kleider und badet seinen Körper in Wasser; am Abend ist er dann rein. Wer aber unrein geworden ist und sich nicht entsündigt, ein solcher Mensch ist aus der Versammlung auszumerzen, denn er hat das Heiligtum des Herrn verunreinigt. Er hat sich nicht mit dem Reinigungswasser besprengen lassen; er ist unrein. (Num 19,17-20)

Wort in den Tag Am Aschermittwoch zeichnet der Priester ein Kreuz aus Asche auf die Stirn der Gläubigen. Dieser Ritus des Aschenkreuzes ist sehr alt. Asche ist das Zeichen der Vergänglichkeit, aber auch das Zeichen der Umkehr und Erneuerung. Im Bild der Asche ist uraltes Wissen der Menschen aller Völker und Religionen lebendig geblieben. Das Leben flieht dahin; alles ist vergänglich. Nach den tollen Tagen des Karnevals erinnert uns der Aschermittwoch daran, dass der Tand und das Blendwerk dieser Welt verbrannt werden müssen, damit Neues wachsen und die Seele neugeboren werden kann.
Die vierzig Tage der Fastenzeit laden uns ein zu neuem Aufbruch. Die Grunderfahrung, die zum Leben gehört, heißt „Verwandlung". Das Wasser ist das beste Beispiel dafür. Es verdunstet und wird zur Wolke. Aus ihr fällt der Regen, der die Ackerscholle befeuchtet. Tautropfen und Nebelschwaden, Eiskristall und Sturmflut – im Spiel der Verwandlung wird der Kreislauf des Lebens möglich. Alles, was lebt, wandelt sich täglich. Auch unser Leib erneuert sich nach sieben Jahren.
Überall, wo Leben ist und neues Leben entsteht, da ist nicht Starre, sondern Bewegung. Zwischen dem Äquator und den Polen strömen und kreisen in der Wärmezirkulation die Wassermassen. Unter den Strahlen der Sonne aus den Meeren ver-

dunstet, steigt das Wasser in die Höhe, verdichtet sich zu Wolken, wird über Kontinente hinweg getragen und regnet am Ende wieder herab auf die Erde. Durch Sand und Erdreich gefiltert und gereinigt, wird es in Quellen neugeboren, und Flüsse tragen es wieder den Ozeanen zu.

Die Selbstreinigung des Wassers in diesem ewigen Kreislauf ist ein unüberbietbares Geschenk an alle Geschöpfe. Jeder Tropfen Wasser ist schon unzählige Male als Regen vom Himmel gefallen. Jeder Schluck Wasser, den wir trinken, hat schon den Durst anderer Menschen und Tiere gestillt. Die Natur selber ist besser als jede Filtrieranlage und jedes Klärwerk, wenn wir den natürlichen Kreislauf nicht stören.

Weil das Wasser den unendlichen Weg der Wandlungen geht, ist Leben auf unserem Planeten möglich. Das Geheimnis der Verwandlung bestimmt auch den Weg des Menschen oft mehr, als ihm bewusst ist. Jeder Tag fordert uns heraus, uns auf das große Spiel der Wandlungen einzulassen. Niemand bleibt, wie er ist. Wer festhalten will, was jetzt ist, erstarrt zum Tod. Wer sein

Leben festhalten will, wird es verlieren. Nur wer es preisgibt, entdeckt neue Formen des Lebens. Dies ist das Anliegen der vierzig Tage Fastenzeit. „Kehrt um! Bekehrt euch!" Der Weg zum Osterfest bringt Bewegung in verhärtete und erstarrte Zustände.
Nur wer diesen Weg der Reinigung und Verwandlung mitgeht, wird das Leben gewinnen. Wir werden glücklich sein, wenn wir uns dem Gesetz der Wandlungen überlassen. Der Aschermittwoch erinnert uns nicht nur an die Vergänglichkeit aller Dinge, sondern auch an die Verwandlung, die neues Leben zeugt. Gesegnet wird heute die Asche, und das Wasser ist heilig.

Impuls Was kann ich vom Wasser lernen? Es geht durch unzählige Gestalten und wandelt sich täglich ohne Verlustangst. Es überlässt sich dem Weg der Verwandlung und wird zum Segen der ganzen Schöpfung. Das Wasser sagt mir: Halte dich nicht für so schrecklich wichtig. Am Anfang der österlichen Bußzeit fordert mich das Wasser auf, ohne Angst mein Leben zu ändern und die Wege der Verwandlung zu beschreiten. Das Wasser reinigt, entsündigt und heilt. Das Wort des Evangelisten Johannes gewinnt Bedeutung: „Wenn jemand nicht aus Wasser und Geist geboren wird, kann er nicht in das Reich Gottes kommen". (Joh 3,4)

Alles fließt

Wort der Schrift Eine Generation geht, eine andere kommt. Die Erde steht in Ewigkeit. Die Sonne, die aufging und wieder unterging, atemlos jagt sie zurück an den Ort, wo sie wieder aufgeht ... Alle Flüsse fließen ins Meer, das Meer wird nicht voll. Zu dem Ort, wo die Flüsse entspringen, kehren sie zurück, um wieder zu entspringen. Alle Dinge sind rastlos tätig, kein Mensch kann alles ausdrücken, nie wird ein Auge satt, wenn es beobachtet, nie wird ein Ohr vom Hören voll. Was geschehen ist, wird wieder geschehen, was man getan hat, wird man wieder tun: Es gibt nichts Neues unter der Sonne. (Koh 1,4-9)

Wort in den Tag Wasser ist ein Urbild alles Lebendigen. Es ist immer in Bewegung und wandelt sich ständig. Das Wasser, das im Gebirgsbach munter über die Steine springt, das sich dreht im Wirbel und über alle Hindernisse hinwegtanzt, ist ein Bild für Lebensfreude und Jugend. Nur wenn das Wasser sich ständig bewegt, behält es seine Klarheit und Frische. Im Tümpel abgestanden wird es dunkel und sumpfig.

Wasser ist das Element, das uns das Geheimnis der Verwandlung entschlüsselt. „Panta rhei – alles fließt dahin" ist das vielzitierte Wort des griechischen Philosophen Heraklit. Keiner steigt zweimal in denselben Fluss. Keiner kann bleiben, was er ist. Auch die Zeit ist wie ein Fluss. Was heute ist, ist morgen Vergangenheit. Unsere Zeit, unser Leben bewegen und wandeln sich unaufhaltsam.

In seiner indischen Dichtung beschreibt Hermann Hesse, wie Siddharta zu einem Fährmann kommt, der viele Menschen von einem Ufer zum anderen, von einem Leben ins andere übergesetzt hatte. Der Fluss spricht zu ihm. Er wird zum Freund:

> *„Zärtlich blickte er in das strömende Wasser, in das durchsichtige Grün, in die kristallenen Linien seiner geheimnisreichen Zeichnung. Lichte Perlen sah er aus der Tiefe steigen, stille Luftblasen auf dem Spiegel schwimmen, Himmelsbläue darin abgebildet. Mit tausend Augen blickte der Fluss ihn an, mit grünen, mit weißen,*

mit kristallnen, mit himmelblauen. Wie liebte er dies Wasser, wie entzückte es ihn, wie war er ihm dankbar! Im Herzen hörte er die Stimme sprechen, die neu erwachte, und sie sagte ihm: Liebe dies Wasser! Bleibe bei ihm! Lerne von ihm! O ja, er wollte von ihm lernen, er wollte ihm zuhören. Wer dies Wasser und seine Geheimnisse verstünde, so schien ihm, der würde auch viel anderes verstehen, viele Geheimnisse, alle Geheimnisse.
Von den Geheimnissen des Flusses aber sah er heute nur eines, das ergriff seine Seele. Er sah: dies Wasser lief und lief, immerzu lief es, und war doch immer da, war immer und allezeit dasselbe und doch jeden Augenblick neu! O wer dies fasste, dies verstünde! Er verstand und fasste es nicht, fühlte nur Ahnung sich regen, ferne Erinnerung, göttliche Stimmen.“[1]

Das Geheimnis des Flusses heißt Wandlung und Bewegung, heißt Mobilität. Das ist der Anteil am Leben. Auch unsere Lebenszeit fließt dahin. Die Tage vergehen wie ein Seufzer. Je älter man wird, um so schneller scheint die Zeit zu vergehen. Ein anderer Teil in mir heißt Beharren. Ich möchte bleiben, wo ich bin, ein Zuhause, eine Heimat haben. Beides ist in mir: Wanderer und Pilger sein oder Sesshafter und Besitzer. Weg oder fester Ort sind Symbole, die unser Leben deuten. Am Ende aber kann keiner bleiben, alle müssen wir aufbrechen, denn wir sind nur Gast auf Erden.

Impuls Lerne vom Wasser! Wer seine Geheimnisse versteht, wird weise. In einem Meditationskurs gab ich den Teilnehmern Bilder vom Wasser in die Hand.
„Ich bin zur Zeit wie: ein munterer Gebirgsbach, wie ein ruhiger See, in dem sich die Abendsonne spiegelt, wie eine Quelle mit frischem Wasser, wie ein träg dahinfließender Fluss, wie das aufgewühlte Meer, wie ein ausgetrockneter Wassertümpel, wie ein Feuerwehr-Löschteich?“
Wenn die Teilnehmer ihr Bild gefunden haben, die Frage: Ich möchte werden wie ... ?

Wunderbare Wege der Wandlung

Wort der Schrift Seit die Väter entschlafen sind, ist alles geblieben, wie es seit Anfang der Schöpfung war. Wer das behauptet, übersieht, dass es einst einen Himmel gab und eine Erde, die durch das Wort Gottes aus Wasser entstand und durch das Wasser Bestand hatte. Durch beides ging die damalige Welt zugrunde, als sie vom Wasser überflutet wurde. (2 Petr 3,4-6)

Wort in den Tag Wasser ist das Element der Verwandlung. Was aber ist Wandlung? Sie geschieht nicht, wenn wir nur der äußeren Hülle einen neuen Anstrich geben und der Fassade mehr Glanz verleihen. Das Wasser lehrt uns: Wandlung trifft den Kern, ist Gestaltwandel des ganzen Elementes. Es ist das Element, das seinen Weg durch unendliche Wandlungen nimmt.

Ewige Wiederkehr des gleichen Wassers in neuer Gestalt. Nebel und Wolke, Schnee und Hagel, Regen und Flut, reißender Strom und Wellen im Meer, Schneeflocke und Eiskristall, Tautropfen, der den Regenbogen spiegelt. Zu den Rätseln, die uns das Wasser aufgibt, gehört, dass es zwar der Schwerkraft folgt und nur berg-

ab fließt, sich aber dennoch aufwärts bewegen kann. Es schwebt empor als Nebel und Dunst, es steigt nach oben als Dampf und Wolke.
Großartige Einfälle der Natur, damit die Neugeburt des Wassers geschehen kann. Welch ein wunderbarer Weg der Verwandlung, der uns frisches, klares Wasser schenkt. Welch mutige Schritte des Gestaltwandels, um auf dem Weg der Selbstreinigung dem Leben zu dienen.
Bekanntlich können wir nur von Süßwasser leben. Aber siebenundneunzig Prozent des Wassers auf Erden sind salzhaltig und somit nicht genießbar. Und dennoch stammt jeder Tropfen lebensnotwendigen Süßwassers letztlich aus den salzigen Meeren. Die Wärmestrahlung der Sonne destilliert aus den Ozeanen den Wasserdampf heraus. Wolken tragen das Wasser über die Kontinente, und es regnet herab. Sickerwasser wandert in die Grundwasserspeicher und tritt in Quellen wieder ans Licht. Wunderbarer Kreislauf des Wassers, das unzählige Male gebraucht und verunreinigt, jedes Mal frisch und klar unseren Durst stillt.

CONRAD FERDINAND MEYER besingt im „Gesang des Meeres“ den wunderbaren Kreislauf des Wassers.

„Kommet wieder“, ruft die Meermutter ihren Wolkenkindern zu.
„Wolken, meine Kinder, wandern geh'n wollt ihr?
Fahret wohl! Auf Wiedersehn!
Eure wanderlustigen Gestalten
Kann ich nicht in Mutterbanden halten ...

Rauscht im Regen! Murmelt in den Quellen!
Füllt die Brunnen! Rieselt in den Wellen!
Braust in den Stürmen durch die Lande nieder –
Kommet, meine Kinder, kommet wieder!“[2]

Genau bedacht, ist der Kreislauf des Wassers nur ein Teil jener zyklischen Abläufe, mit denen wir alle leben. Sie sind uns oft gar nicht bewusst: der Rhythmus des Atmens und des Herzschlages, der Wechsel von Tag und Nacht, von Wachsein und

Schlaf, von Arbeit und Erholung. Die vier Jahreszeiten, die großen Zyklen des Werdens und Sterbens. Wir haben heute viele Möglichkeiten, diese natürlichen Abläufe zu durchbrechen. Wir machen das elektrische Licht an und verwandeln die Nächte in helllichte Tage. Wir vertreiben die Schläfrigkeit, indem wir eine Tasse Kaffee trinken. Vielleicht heißt heute die Schicksalsfrage der Menschen, ob sie die Demut haben, die Harmonie der Schöpfung zu schützen und sich einzufügen, oder ob sie in ihrer Vermessenheit der Welt ihre eigenen Gesetze aufzwingen wollen?

Impuls Der Weg, der nur mit vielen, guten Vorsätzen gepflastert ist, wird gar nichts ändern. Dem Vorsatz, dem Willen zur Veränderung muss die Tat folgen. Mir helfen konkrete Übungen, die meinem Tag einen geordneten, überschaubaren Ablauf ermöglichen. In der Fastenzeit möchte ich meinen Tagesrhythmus bewusster gestalten. Die Nacht zum Beispiel möchte ich nicht immer verkürzen und mir den Schlaf gönnen, der meine Lebensenergien sammelt und mich neu belebt.

Wasche meine Schuld von mir ab

Wort der Schrift Gott, sei mir gnädig nach deiner Huld, tilge meine Frevel nach deinem reichen Erbarmen! Wasch meine Schuld von mir ab, und mach mich rein von meiner Sünde! Denn ich erkenne meine bösen Taten, meine Sünde steht mir immer vor Augen ... Entsündige mich mit Ysop, dann werde ich rein; wasche mich, dann werde ich weißer als Schnee ... Erschaffe mir, Gott, ein reines Herz, und gib mir einen neuen, beständigen Geist! (Ps 51, 4,5,9,12)

Wort in den Tag „Wasser ist zum Waschen da", heißt ein Kinderreim. Wir lassen es uns was kosten, um uns und unsere Umwelt sauber zu halten. Große Industriezweige verdienen an unzähligen „Waschmitteln" für Kleider und Haare, für gebrauchte Teller und verschmutzte Autos. Sie stellen Waschmaschinen und Waschanlagen her. Das Wasser dient dem Reinheitsbedürfnis unserer Zeit. Noch waschen wir gedankenlos mit Trinkwasser aus den Wasserleitungen unsere Autos. Das wird sich bald ändern. Denn Wasser wird immer kostbarer.
Seitdem es nicht mehr selbstverständlich ist, dass man aus einer Quelle trinken kann, seitdem man in vielen Flüssen nicht mehr baden darf, seitdem man in manchen Gegenden das Wasser zuerst abkochen muss, wenn man es trinken möchte, müssen wir Kläranlagen bauen, um alle Krankheitserreger herauszufiltern. Unsere Flüsse sind eher Abwasserkanäle als Trinkwasserlieferanten. Der Rhein versorgte früher etwa 20 Millionen Menschen mit Trinkwasser. Heute würde der einfallsreichste Wasserchemiker verzweifeln, denn in 24 Stunden transportiert der Rhein etwa 30.000 Tonnen Salz, drei Tonnen Arsen und 100 Tonnen Chlorverbindungen. So zapfen wir die Grundwasserspeicher der Erde an. Doch auch diese Reserven sind begrenzt.
Wenn der Mensch nicht in den natürlichen Kreislauf des Wassers eingreift, reinigt es sich selbst. Es wird zum wichtigsten Reinigungsmittel des Menschen. Das Eintauchen in Wasser ist ein kosmisches Ursymbol. Das Wasser, das den Menschen umfängt, erinnert daran, dass alles Leben aus dem Wasser kommt. Wer in

ein Bad eintaucht und ganz vom Wasser umspült wird, erfährt die ursprüngliche Situation, als er im Mutterleib im Wasser geborgen, ernährt und geschützt war. Unser Leben ist eingebettet in kosmischer Geborgenheit und gewinnt seine Klarheit auf dem Weg der ständigen Reinigung.

Das Eintauchen in Wasser ist ein wichtiges religiöses Ritual, es ist die Sehnsucht nach Einswerden und Verschmelzung, ist Hingabe und Umarmung der Liebe. Im Eintauchen in Wasser wird alle Schuld abgewaschen, und wer wieder auftaucht, ist frei zu neuem Leben. Der aussätzige Syrer Naaman wusch sich auf Geheiß des Propheten in den Fluten des Jordan und war geheilt. Johannes der Täufer tauchte die Umkehrwilligen im Wasser unter. Selbst Jesus ließ sich taufen. Als er aus dem Wasser des Jordan auftauchte, hörte er die Stimme des Himmels: „Das ist mein geliebter Sohn!“ (Mt 3, 17)

Das Untertauchen ist in vielen Religionen ein elementares Symbol. In den heiligen Flüssen waschen sich die Gläubigen, wie z. B. die Hindus im Ganges ihre rituellen Waschungen vollziehen. Die urchristliche Form der Taufe geschah durch Untertauchen des Täuflings, wie es die Ostkirche noch praktiziert. Neugeboren werden aus dem Wasser und dem Geist vollzieht sich in sichtbaren Ritualen.

Impuls Christen kennen das Weihwasser. Das geweihte Wasser, mit dem sie ihre Stirn benetzen und ein Kreuz zeichnen, soll sie an ihre eigene Taufe erinnern. Das Besprengen mit Wasser ist eine symbolische Geste, welche die katholischen Christen aus der Liturgie kennen. Wer für Symbole und Rituale Verständnis hat, für den ist es sinnvoll, seinen Tag zu beginnen, indem er sich mit Weihwasser bekreuzigt.

Die Heilung des aussätzigen Aramäers Naaman
(2 Kön 5,1-16)

Naaman, der Feldherr des Königs von Aram, galt viel bei seinem Herrn und war angesehen; denn durch ihn hatte der Herr den Aramäern den Sieg verliehen. Der Mann war tapfer, aber an Aussatz erkrankt. Nun hatten die Aramäer bei einem Streifzug ein junges Mädchen aus dem Land Israel verschleppt. Es war in den Dienst der Frau Naamans gekommen. Es sagte zu seiner Herrin: Wäre mein Herr doch bei dem Propheten in Samaria! Er würde seinen Aussatz heilen.
Naaman ging zu seinem Herrn und meldete ihm: Das und das hat das Mädchen aus Israel gesagt. Der König von Aram antwortete: So geh doch hin; ich werde dir ein Schreiben an den König von Israel mitgeben. Naaman machte sich auf den Weg. Er nahm zehn Talente Silber, sechstausend Schekel Gold und zehn Festkleider mit und überbrachte dem König von Israel das Schreiben. Es hatte folgenden Inhalt: Wenn jetzt dieser Brief zu dir gelangt, so wisse: Ich habe meinen Knecht Naaman zu dir geschickt, damit du seinen Aussatz heilst.
In Damaskus zählte man Elischa zu den Hofpropheten; daher richtete der König das Schreiben an den König von Israel, der einen Propheten mit der Heilung beauftragen kann.
Als der König von Israel den Brief gelesen hatte, zerriss er seine Kleider und rief: Bin ich denn ein Gott, der töten und zum Leben erwecken kann? Er schickt einen Mann zu mir, damit ich ihn von seinem Aussatz heile. Merkt doch und seht, dass er nur Streit mit mir sucht.
Als der Gottesmann Elischa hörte, der König von Israel habe seine Kleider zerrissen, ließ er ihm sagen: Warum hast du deine Kleider zerrissen? Naaman soll zu mir kommen; dann wird er erfahren, dass es in Israel einen Propheten gibt.
So kam Naaman mit seinen Pferden und Wagen und hielt vor dem Haus Elischas. Dieser schickte einen Boten zu ihm hinaus und ließ ihm sagen: Geh und wasch dich siebenmal im Jordan! Dann wird dein Leib wieder gesund, und du wirst rein. Doch Naaman wurde zornig. Er ging weg und sagte: Ich dachte, er würde herauskommen, vor mich hintreten, den Namen Jah-

wes, seines Gottes, anrufen, seine Hand über die kranke Stelle bewegen und so den Aussatz heilen.
Sind nicht der Abana und der Parpar, die Flüsse von Damaskus, besser als alle Gewässer Israels? Kann ich nicht dort mich waschen, um rein zu werden? Voll Zorn wandte er sich ab und ging weg.
Doch seine Diener traten an ihn heran und redeten ihm zu: Wenn der Prophet etwas Schweres von dir verlangt hätte, würdest du es tun; wie viel mehr jetzt, da er zu dir nur gesagt hat: Wasch dich, und du wirst rein. So ging er also zum Jordan hinab und tauchte siebenmal unter, wie ihm der Gottesmann befohlen hatte. Da wurde sein Leib gesund wie der Leib eines Kindes, und er war rein.
Nun kehrte er mit seinem ganzen Gefolge zum Gottesmann zurück, trat vor ihn hin und sagte: Jetzt weiß ich, dass es nirgends auf der Erde einen Gott gibt außer in Israel. So nimm jetzt von deinem Knecht ein Dankgeschenk an!
Elischa antwortete: So wahr der Herr lebt, in dessen Dienst ich stehe: Ich nehme nichts an. Auch als Naaman ihn dringend bat, es zu nehmen, lehnte er ab.

Im Wasser beginnt das Leben

Wort der Schrift Im Anfang schuf Gott Himmel und Erde; die Erde aber war wüst und wirr, Finsternis lag über der Urflut, und Gottes Geist schwebte über dem Wasser.
Gott sprach: Es werde Licht. Und es wurde Licht. Gott sah, dass das Licht gut war. Gott schied das Licht von der Finsternis, und Gott nannte das Licht Tag, und die Finsternis nannte er Nacht. Es wurde Abend, und es wurde Morgen: erster Tag.
Dann sprach Gott: Ein Gewölbe entstehe mitten im Wasser und scheide Wasser von Wasser.
Gott machte also das Gewölbe und schied das Wasser unterhalb des Gewölbes vom Wasser oberhalb des Gewölbes. So geschah es, und Gott nannte das Gewölbe Himmel. Es wurde Abend, und es wurde Morgen: zweiter Tag. (Gen 1,1-8)

Wort in den Tag Im Wasser beginnt das Leben. Zum grundlegenden Bauplan der Welt gehört das Wasser. Es ist eines der vier Urelemente der Erde. Jeder weiß, dass Leben ohne Wasser nicht möglich ist. Für alle Generationen war das Wasser ein göttliches Geschenk, eine Gabe des Himmels.
Das Wasser ist ein Urelement und ein Ursymbol.
In den Mythen vieler Religionen ist der Ursprung unserer Erde im Wasser zu suchen. In der altägyptischen Schöpfungsgeschichte taucht der Berg aus dem Wasser auf. „Das Wasser ist der Urgrund aller Dinge", sagt der griechische Naturphilosoph Thales von Milet (600 vor Chr.).
Die Genesis, die Schöpfungsgeschichte der Bibel, beschreibt die Erschaffung der Welt: „Die Erde war wüst und wirr. Finsternis lag über der Urflut, und Gottes Geist schwebte über dem Wasser." Im Sechstagewerk schafft Gott aus dem „Tohuwabohu", aus dem Chaos den Kosmos. Das Leben beginnt im Wasser.
Auch das menschliche Leben beginnt im Wasser. Im Fruchtwasser keimt das neue Leben heran. Der gewaltsame Vorgang der Geburt ist wie eine Vertreibung aus dem Paradies. Die Geborgenheit des Mutterschoßes ist wie die erste Umarmung unseres

Lebens. Das Fruchtwasser schützt und wärmt das neue Leben. Wenn das Kind das Haus des Mutterschoßes verlässt, wird der Rest seines Lebens von der Sehnsucht bestimmt sein, in der Kälte und Verlorenheit das Paradies der mütterlichen Geborgenheit zu suchen.

Die folgende Erzählung, die mir eine Frau schenkte, kann uns unserem Ursprung noch einmal näher bringen. Zugleich wirft sie Fragen auf: Gibt es jenseits unserer Welt, in der wir uns einnisten möchten, eine Wirklichkeit? Ist der Tod wie eine neue Geburt?

„Zwillinge erwartete eine Mutter. Die Wochen vergingen, und die Zwillingsbrüder wuchsen im Schoß heran. In dem Maß, wie ihr Bewusstsein sich entfaltete, steigerte sich ihre Freude: „Sag, ist es nicht großartig, dass wir leben?"

Die Zwillinge begannen, ihre Welt zu entdecken. Als sie aber die Nabelschnur fanden, die sie mit ihrer Mutter verband, riefen sie erstaunt: „Wie groß ist ihre Liebe, dass sie ihr eigenes Leben mit uns teilt."

Die Wochen vergingen. Da merkten sie plötzlich, wie sehr sie sich verändert hatten. „Was soll das heißen?", fragte der eine. „Das heißt", antwortete der andere, „dass unser Aufenthalt in dieser Welt bald seinem Ende zugeht." – „Aber ich will gar nicht gehen", erwiderte der eine, „ich möchte für immer hier bleiben." – „Wir haben keine andere Wahl", entgegnete der andere, „aber vielleicht gibt es ein Leben nach der Geburt." – „Wie könnte dies sein?", fragte zweifelnd der erste, „wir werden unsere Lebensschnur verlieren. Wie sollten wir ohne sie leben können? Und außerdem haben andere vor uns diesen Schoß hier verlassen, und niemand von ihnen ist zurückgekommen und hat uns versichert, dass es ein Leben nach der Geburt gibt. Nein, die Geburt ist das Ende."

So fiel der eine von ihnen in tiefen Kummer und sagte: „Wenn die Empfängnis mit der Geburt endet, welchen Sinn hat dann das Leben im Schoß? Es ist sinnlos. Womöglich gibt es gar keine Mutter hinter allem." – „Aber sie muss doch existieren", protestierte der andere, „wer hätte uns sonst ernährt und am Leben gehalten?" –

„Hast du je unsere Mutter gesehen?", fragte der eine. „Womöglich lebt sie nur in unserer Vorstellung. Wir haben sie uns erdacht, weil wir dadurch unser Leben besser verstehen können." Und so waren die letzten Tage im Schoß der Mutter angefüllt mit vielen Fragen und mit großer Angst. Schließlich kam der Augenblick der Geburt. Als die Zwillinge ihre Welt verließen, öffneten sie ihre Augen. Was sie sahen, übertraf ihre kühnsten Träume.

Impuls „Hast du je Gott gesehen?" Vielleicht ist er nur eine Projektion unserer Wünsche? In der Bibel heißt es: „Gott schuf den Menschen nach seinem Bild." Ludwig Feuerbach kehrte diese Aussage in ihr Gegenteil. „Der Mensch schuf Gott nach seinen Wünschen." Gottesverehrung ist der menschliche Versuch einer Kompensation. Ist der Mensch sterblich, muss Gott unsterblich sein; ist er fehlbar, ist Gott allwissend. Die Idee Gottes kommt aus dem Menschen, der sein eigenes Mangelwesen in der Überhöhung zu Gott macht.
Man könnte Gegenargumente anführen, dass zum Beispiel die biblische Vorstellung von einem furchterregenden, zürnenden Gott nicht mit Projektionswünschen des Menschen erklärt werden könnte. Man könnte darüber staunen, dass heute wieder nach so vielen „Tot-Gottes-Theorien" vom „Megatrend Religion" gesprochen wird.
Viel eindrücklicher ist für mich die Notiz eines russischen Soldaten, die ein deutscher Sanitäter in der Rocktasche des Gefallenen fand:
„Hörst du mich, Gott? Noch nie im Leben sprach ich mit dir. Doch heute, heute will ich dich begrüßen. Du weißt, von Kindesbeinen an sagte man mir, dich gebe es nicht. Und ich, ich glaubte es, Narr, der ich war. Die Schönheit deiner Schöpfung ging mir niemals auf. Doch heute Nacht nahm ich IHN wahr, vom Grund des aufgerissenen Kraters: den Sternhimmel über mir. Und ich verstand staunend sein Gefunkel. Ich weiß nicht, Herr, ob du mir die Hand reichst, doch will ich es dir sagen, und du wirst mich verstehen: dies Wunder, dass mitten in der schauerlichen Hölle das Herz mir leicht wurde und ich dich erkannte. Sonst weiß ich dir nichts zu sagen, nur, dass ich so froh wurde, als ich dich erkannte."

Neugeburt aus dem Geist und dem Wasser

Wort der Schrift Nikodemus suchte Jesus bei Nacht auf und sagte zu ihm: Rabbi, wir wissen, du bist ein Lehrer, der von Gott gekommen ist; denn niemand kann die Zeichen tun, die du tust, wenn nicht Gott mit ihm ist. Jesus antwortete ihm: Amen, amen, ich sage dir: Wenn jemand nicht von neuem geboren wird, kann er das Reich Gottes nicht sehen. Nikodemus entgegnete ihm: Wie kann ein Mensch, der schon alt ist, geboren werden? Er kann doch nicht in den Schoß seiner Mutter zurückkehren und ein zweites Mal geboren werden. Jesus antwortete: Amen, amen, ich sage dir: Wenn jemand nicht aus Wasser und Geist geboren wird, kann er nicht in das Reich Gottes kommen. Was aus dem Fleisch geboren ist, das ist Fleisch; was aber aus dem Geist geboren ist, das ist Geist. Wundere dich nicht, dass ich dir sagte: Ihr müsst von neuem geboren werden. Der Wind weht, wo er will; du hörst sein Brausen, weißt aber nicht, woher er kommt und wohin er geht. So ist es mit jedem, der aus dem Geist geboren ist. Nikodemus erwiderte ihm: Wie kann das geschehen? (Joh 3,2-9)

Wort in den Tag Aus dem Wasser und dem Geist wird der neue Mensch geboren. Schon im 4. Jahrhundert bezeichnete Ephräm der Syrer das Wasser als „Mutterschoß, aus dem die Kinder des Geistes geboren werden". Für die Christen geschieht die Neugeburt aus dem Wasser und dem Geist in der Taufe. „Wundere dich nicht", sagt Jesus zu Nikodemus, „wer nicht neu geboren wird aus dem Wasser und dem Geist, kann das Reich Gottes nicht schauen." Wie du ein Kind deiner Mutter bist, so wirst du ein Kind, ein Sohn Gottes werden.
Es gibt eine psychologische Forschung, die bemüht sich um die Zeit, da das Kind im Schoß seiner Mutter im Wasser schwimmend geborgen ist. Die vorgeburtliche Zeit hat in uns die Erinnerung an ein Paradies von Glück und Geborgenheit eingraviert. Bei der Geburt wurden wir schmerzhaft aus diesem seligen Zustand vertrieben. Diese „ozeanische" Ruhe und Ge-

borgenheit bleibt die tiefe Sehnsucht in uns. Wir hoffen und glauben, auch durch dieses „ozeanische Bewusstsein" unterstützt, dass wir im Tod wieder heimkehren in das Paradies der Liebe und Geborgenheit.

Ist der Tod wie eine Neugeburt? Ist das so, wie wenn ein Tropfen Wasser ins Meer fällt und sich auflöst? So dachten viele, die in der mystischen Tradition lebten. Wer auf das Evangelium hört, kann das Bild aufnehmen, dass wir ganz „in das Meer der Gottheit" eintauchen. Aber wir sind mit Namen genannt. Wir versinken nicht einfach in den Meerestiefen. Wir werden nicht aufgelöst in den unendlichen Fluten. Jeder Einzelne wird geborgen sein in der „umarmenden Liebe Gottes" (Hildegard von Bingen). Jeder einzelne ist Gott so wichtig, dass er ihn an sein Herz nimmt. Und deshalb lässt er nicht zu, dass wir uns namenlos im unendlichen Meer auflösen.

Impuls Günther Grass hat für das ozeanische Bewusstsein und für die Neugeburt aus dem Wasser und dem Geist eigenwillige Bilder[3]:

Wir leben im Ei.
Die Innenseite der Schale
haben wir mit unanständigen
Zeichnungen
und den Vornamen
unserer Feinde bekritzelt.
Wir werden gebrütet.

Wer uns auch brütet,
unseren Bleistift brütet er mit.
Ausgeschöpft eines Tages,
werden wir uns sofort
ein Bildnis des Brütenden machen.

Die Eingesperrten im Ei spüren ihre Enge und fragen sich gleich: Gibt es noch etwas jenseits unseres Gefängnisses? Also: „Werden wir gebrütet?"

Wir nehmen an, dass wir
gebrütet werden.
Wir stellen uns ein
gutmütiges Geflügel vor
und schreiben Schulaufsätze
über Farbe und Rasse
der uns brütenden Henne.

Wann schlüpfen wir aus?
Unsere Propheten im Ei
streiten sich für mittelmäßige
Bezahlung
über die Dauer der Brutzeit.
Sie nehmen einen Tag X an.

Gibt es den Tag, an dem wir aus unserem Gefängnis befreit werden? Können wir die Eierschale durchbrechen und die Henne kennen lernen, die uns brütet?
Das Ei ist immer ein Bild für neues Leben. Und das Brüten meint die Sorge und die Wärme, die uns umgeben. Das Bild der Henne steht hier für eine größere, transzendente Wirklichkeit, die uns befreien kann.

Und wenn wir nun nicht gebrütet werden?
Wenn diese Schale niemals ein Loch bekommt?
Wenn unser Horizont nur der Horizont
unserer Kritzeleien ist und auch bleiben wird?
Wir hoffen, dass wir gebrütet werden.

„Wir hoffen, dass wir gebrütet werden." Wir hoffen, dass unsere kleinkarierte Welt aufgebrochen wird. Dass unser Horizont nicht nur der Horizont unserer Kritzeleien ist. Unseren Geist kann man nicht in einen Kerker einsperren. Unsere Sehnsucht führt uns über alle Grenzen hinaus. Der Mensch ist für die Unendlichkeit erschaffen.
Und wir hoffen, dass da jemand ist, der uns befreit aus unseren selbstgemachten Gefängnissen. Günter Grass flüchtet sich in der letzten Strophe seines Gedichtes in den Humor:

Wenn wir auch nur noch vom Brüten reden,
bleibt doch zu befürchten, dass jemand,
außerhalb unserer Schale, Hunger verspürt,
uns in die Pfanne haut und mit Salz bestreut. –
Was machen wir dann, ihr Brüder im Ei?

Wasser ist die beste Medizin

Wort der Schrift Dann sprach Gott: Das Wasser unterhalb des Himmels sammle sich an einem Ort, damit das Trockene sichtbar werde. So geschah es. Das Trockene nannte Gott Land, und das angesammelte Wasser nannte er Meer. Gott sah, dass es gut war.
Dann sprach Gott: Das Land lasse junges Grün wachsen, alle Arten von Pflanzen, die Samen tragen, und von Bäumen, die auf der Erde Früchte bringen mit ihrem Samen darin. So geschah es. Das Land brachte junges Grün hervor, alle Arten von Pflanzen, die Samen tragen, alle Arten von Bäumen, die Früchte bringen mit ihrem Samen darin. Gott sah, dass es gut war. Es wurde Abend, und es wurde Morgen: dritter Tag. (Gen 1,9-13)

Wort in den Tag Wasser ist das Element unseres Lebens. Das erfahren wir täglich beim Trinken, Sich-Erholen und Entspannen. Wo immer wir körperlich und seelisch auch stehen mögen: Im und ums Wasser wird uns wohl! Kneippkuren heilen durch Wasser. Für Fitness und Wellness ist Wasser das Powerelement.

Der erste Schluck ist beim Trinken immer etwas besonders Köstliches. Wenn wir durstig waren, so richtig ausgedörrt, dann griffen wir zum Glas und ließen das kühle Nass die trockene Zunge, den Gaumen benetzen. Mit dem ersten Schluck erwachten versiegte Kräfte wieder zum Leben. Wie eine trockene Pflanze, die ihre Blätter hängen lässt, mit einem Guss Wasser wieder zum Leben erwacht.

Ohne feste Nahrung kann der Mensch etwa 30 Tage überleben, ohne Flüssigkeit halten wir es nur drei Tage aus. Unser Körper besteht zu 60 Prozent (Erwachsene) beziehungsweise 80 Prozent (Säuglinge) aus Wasser. Das flüssige Nass ist überall in unserem Körper: im Blut, in den Zellen, in der Gehirnflüssigkeit und in den Verdauungssäften. Zudem braucht der menschliche Körper für sämtliche Vorgänge und chemische Reaktionen Flüssigkeit. Wasser löst Mineralien und bringt sie damit erst in die Form, in der sie vom Körper aufgenommen werden können. Es entsorgt nicht benötigte oder schädliche Stoffe über den Urin. Zudem transportiert es als Blut Nährstoffe und andere lebenswichtige Substanzen im Körper.

Doch damit nicht genug: Wasser wirkt auch noch als Kühlmittel. Wenn wir uns zu sehr anstrengen oder erkranken und dadurch die Körpertemperatur ansteigt, so schwitzen wir – ein Anzeichen dafür, dass der Körper sein Wasser-Kühlsystem aktiviert hat und die Wärme über die Poren nach außen ableitet. Durch die Verdunstung wird dem Körper Wärme entzogen. Der Körper kühlt ab. Flüssigkeit, die dem Körper entzogen wurde, muss wieder zugeführt werden. Das geschieht durch Getränke. Der durchschnittliche Tagesbedarf an „Wasser" liegt beim Menschen bei zwei bis drei Liter. Bei Wassermangel wird der Körper vergiftet. Ältere Menschen muss man oft dazu anhalten, genügend zu trinken. Wie jeder Sportler weiß, sind große Wasserverluste durch Schweiß mit der entsprechenden Flüssigkeitsmenge und Mineralstoffen auszugleichen. Der Wasserverlust eines Marathonläufers beträgt in der Stunde vier Liter, und ein Fußballspieler muss drei Liter Flüssigkeit trinken, sonst stellen sich Muskelkrämpfe ein.

Wie wichtig Wasser für uns ist, erfahre ich immer in Fastenkursen. Seit 20 Jahren begleite ich in Fastenexerzitien Teilnehmer, die nur Tee oder Wasser trinken. Der Mensch kann erstaunlich lang aus seinen eigenen Reserven leben. Wenigstens drei Liter am Tag sollten die Kursteilnehmer trinken. Wenn in den ersten Tagen des Fastens Kopfschmerzen auftreten, schwinden sie bald, wenn man noch mehr trinkt, mehr als der Durst verlangt. Das Wasser entgiftet und entschlackt den Körper. Wasser ist für unser ganzes Leben die beste Medizin.

Impuls Der Mond hat die Kraft, riesige Wassermassen in Bewegung zu bringen. Ebbe und Flut haben ihre Ursache in der Anziehungskraft des Mondes. Weil der menschliche Körper hauptsächlich aus Wasser besteht, behaupten manche, dass die Mondphasen auf ihr Wohlbefinden Einfluss haben. Jedenfalls wird jede Notaufnahme im Krankenhaus bestätigen, dass bei Vollmond die Unfälle zunehmen und die Aggressionen steigen. Wie der Mond Anziehungskräfte besitzt, so ist die Liebe eine noch größere Kraft. Menschen, die sich lieben, fühlen sich zum anderen hingezogen. Auch Gottesliebe kann uns anziehen. Die Mystiker sprechen davon, dass unsere Seele von der Liebe Gottes angezogen wird. Dies kann für die Fastenzeit ein Gedanke sein, der uns innerlich bewegt: Wie werde ich von Gottes Liebe angezogen? Wie überwinde ich meine Hemmungen und Blockierungen, damit seine Liebe mich durchströmt und erwärmt? Wenn schon der Mond Einfluss auf unser Befinden hat, dann soll die Liebe, wenn sie anklopft, offene Türen finden, auch die Liebe Gottes.

Durst stillen

Wort der Schrift Isaak zog fort, schlug sein Lager im Tal von Gerar auf und ließ sich dort nieder. Die Brunnen, die man zur Zeit seines Vaters Abraham gegraben hatte und die die Philister nach dem Tod Abrahams zugeschüttet hatten, ließ Isaak wieder aufgraben und gab ihnen dieselben Namen, die ihnen sein Vater gegeben hatte. Die Knechte Isaaks gruben in der Talsohle und fanden dort einen Brunnen mit frischem Wasser. Die Hirten von Gerar stritten mit den Hirten Isaaks und behaupteten: Uns gehört das Wasser. Da nannte er den Brunnen Esek (Zank), denn sie hatten mit ihm gezankt. Als sie einen anderen Brunnen gruben, stritten sie auch um ihn; so nannte er ihn Sitna (Streit). Darauf brach er von dort auf und grub wieder einen anderen Brunnen. Um ihn stritten sie nicht mehr. Da nannte er ihn Rehobot (Weite) und sagte: Jetzt hat uns der Herr weiten Raum verschafft, und wir sind im Land fruchtbar geworden. (Gen 26,17-22)

Wort in den Tag

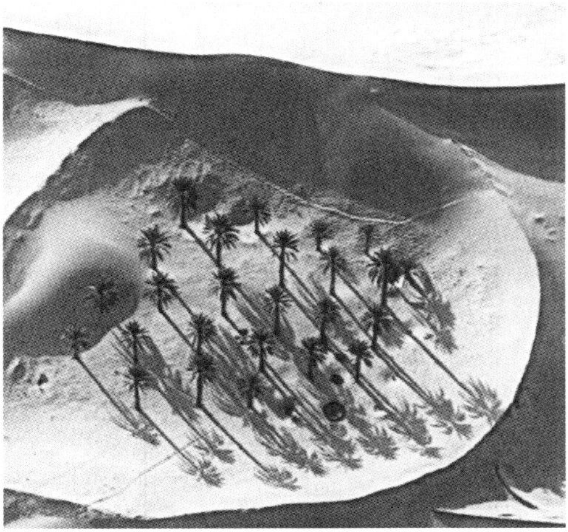

Man kann vor Durst sterben mitten in der Wüste, und man kann vor Durst sterben mitten im Meer zwischen salzigen Wasserfluten. Man kann vor Durst sterben mitten in einer Stadt zwischen Getränkemarkt und Gastwirtschaft. Man kann versuchen, seine Sehnsucht nach Glück und seinen Durst nach Liebe zu stillen. Doch den Brunnen, der den brennenden Durst löscht, findet man nicht.

Ein moderner Mensch verirrte sich in der Wüste. Die Sonnenglut dörrte ihn aus. Da sah er in der Ferne eine Oase. „Ach, eine Fata Morgana", dachte er, „eine Fluchtspiegelung, die mich narrt." Er näherte sich der Oase. Er sah den Brunnen. „Alles Einbildung", sagte er, „man hat bekanntlich solche Fantasien in meinem Zustand." Dann hörte er sogar das Wasser rauschen. „Eine Gehör-Halluzination! Wie grausam die Natur doch ist!" Später fanden ihn zwei Beduinen am Rand der Oase. „Verstehst du das?", sagte der eine zum anderen. „Dicht neben der Quelle liegt er verdurstet. Wie ist das möglich?" Da sagte der andere: „Er war ein moderner Mensch!"

Wir verbauen uns die Wege zu den Quellen unseres Lebens. Alles Einbildung! Nur die greifbare Realität zählt. Wir verlieren die Seele dabei. Wie finden wir zu den Quellen, aus denen wir leben können? Der moderne Mensch steht neben dem Brunnen, doch hat er verlernt zu schöpfen, um seinen Lebensdurst zu stillen. Es gibt manche Arten des Durstes: den Durst nach Wasser, den Durst nach Geborgenheit und Liebe. Wir trinken und trinken, doch unsere Sehnsucht bleibt ungestillt.
Unsere eigenen Kraftreserven erschöpfen sich. Unser Lebenskrug wird leer, wenn wir nicht selbst immer wieder zum Brunnen gehen und ihn neu füllen. Über das Burn-out-Syndrom wird heute viel geredet. Es ist ein Wort für innere Erschöpfung, für Ausgebranntsein. Gibt es Anzeichen in unserem Leben, die dieses Syndrom beschreiben? Wir können nicht ständig agieren und funktionieren. Hast und Hetze bringen schließlich jeden an die Grenze seiner Leistungsfähigkeit. Wir brauchen nicht nur Pausen, um fit zu sein; wir brauchen schöpferische Stunden, um aus Quellen das Wasser zu schöpfen, das unseren inneren Durst stillt. In der Betriebsamkeit verlieren wir die Erfahrung, dass wir nicht nur geben können, sondern auch nehmen müssen. Ruhe und Erholung sind so wichtig wie die Stille für die Musik.
Fast die Hälfte der Musik sind Pausen. Sonst wäre die Musik nur Krach und Getöse. Ist unser Leben wie eine Melodie oder eher wie Krach und Getöse? Ein Stück Einsamkeit und Alleinsein macht uns erst fähig zur echten Begegnung.
Zu einem Einsiedler kamen Menschen und wollten erfahren, warum er sich in die Einsamkeit zurückziehe. Er führte sie zu

seinem tiefen Brunnen und warf einen Stein hinein. „Schaut in den Brunnen. Was seht ihr?“ „Nichts, nur bewegte Wellen“, sagten sie. Dann verweilten sie schweigend neben dem Brunnen. „Schaut wieder hinein. Was seht ihr jetzt?“ „Uns selbst! Auf der ruhigen Wasseroberfläche spiegelt sich unser Gesicht.“ Der Einsiedler sagte: „Merke dir diese Erfahrung! Das ist das Geschenk der Stille!“

Impuls Erschöpfung ist eine Erfahrung, die heute viele kennen. Wenn man etwas ändern will, muss man seine Situation beschreiben können. Der erste Schritt zur Heilung ist die Diagnose, dann folgt die Therapie. Hilfreich ist folgende Übung: Ich nehme zwei Blätter und schreibe auf das eine: „Was erschöpft mich?“ und auf das andere: „Woraus schöpfe ich?“ Auf diesen Blättern sammle ich den ganzen Tag die Ergebnisse meiner Überlegungen. Es ist sinnvoll zu benennen, was der Grund meiner Erschöpfung ist. Es macht zuversichtlich, wenn ich die Quellen, aus denen ich Kraft und Freude schöpfe, erkenne.
Diese Bitte begleitet mich: „Sei du, Herr, der Brunnen, aus dem ich schöpfe, die Quelle, die meine Sehnsucht stillt, damit ich in den Durststrecken und Wüstenzeiten meines Lebens nicht erliege.“

Trunksucht

Wort der Schrift Seid nüchtern und wachsam! Euer Widersacher, der Teufel, geht wie ein brüllender Löwe umher und sucht, wen er verschlingen kann. Leistet ihm Widerstand in der Kraft des Glaubens! (1 Petr 5,7-9)

Wort in den Tag Wir sind Weltmeister – Weltmeister im Alkoholkonsum. Im Jahrbuch der Sucht (1998) heißt es: „Mit einem Pro-Kopf-Verbrauch von 1,4 Liter reinen Alkohols steht Deutschland international auf dem ersten Platz." Rund 40.000 Alkoholiker sterben pro Jahr an den Folgen ihres Missbrauchs. Der volkswirtschaftliche Schaden beläuft sich allein bei Alkohol auf 80 Milliarden Euro. Eine Statistik, ein paar Zahlen; aber welche Tragödien stecken hinter diesem Suchtverhalten?
Hat Sucht mit Sehnsucht zu tun? Ist jede Form von Sucht letztlich nur ein Fluchtweg, weil die Sehnsucht nach Glück und Erfüllung fehlgeschlagen ist? Gibt es eine fehlgeleitete Sehnsucht? Wir sind eine Nation, die das Wort Freiheit groß schreibt. Aber wie viele haben ihre Freiheit längst verspielt. In vielen Netzen kann sich der Mensch heute verfangen. Werden unsere Wünsche und Begierden fehlgeleitet? Tief in uns wohnt die Sehnsucht nach vollkommenem Glück. Die Werbung verspricht uns die Erfüllung mit Sonderangeboten und Billigpreisen. Doch wir sind nur Konsumenten, längst verplant zu festen Preisen.
Die Gesichter der Menschen spiegeln diese Sehnsucht. Alle Welt trägt einen Wunsch in sich. Viele Wünsche. Eine Unendlichkeit von Wünschen. Noch ein Gläschen, noch einen Kuss, noch eine Reise. Alle Gesichter sind verwundet von diesem Hunger. Wilhelm Busch formuliert es mit Humor so: „Ein jeder Wunsch, wenn er erfüllt wird, kriegt augenblicklich Junge."
Die Mehrzahl der Zeitgenossen sind pragmatische Glückssucher: 85% der Zeitgenossen verfolgen das Ziel, zu versuchen, das Beste aus dem Leben herauszuholen. Die Kraft der Sehnsucht ist in ihnen (noch) nicht zerstört. Da sie aber religiös Analphabeten sind, müssen sie alles von diesseits erwarten. Der Verlust der Religion hat dazu geführt, dass sie nur noch mit der irdischen

Lebenszeit rechnen. Ihr Leben ist ihnen gleichsam „die letzte Gelegenheit" (Marianne Gronemeyer). Früher war die Lebenserwartung 45 Jahre plus Ewigkeit. Heute nur noch 78 Jahre. Das nötigt sie, das Kunststück zu vollbringen, die maßlose Sehnsucht in kurzer Frist zur Erfüllung zu bringen, den Himmel auf Erden zu erzwingen. Sie versuchen deshalb, in Liebe, Arbeit und Amüsement optimal leidfreies Glück – und das in jedem Augenblick – zu erlangen. Was allerdings dazu führt, immer rascher und hastiger zu leben. Solches Leben wird anstrengend, anfordernd und schließlich überfordernd.

Der Mensch ist für die Ewigkeit erschaffen. Er ist keine Eintagsfliege, deren Stunden gezählt sind. In ihm ist eine unendliche Sehnsucht. Wir schauen über den Tellerrand unserer kleinlichen Wünsche. Wir durchbrechen den Horizont unserer alltäglichen Sorgen. Und wir ahnen, dass etwas Größeres in uns schlummert, das wir nie in 70 oder 80 Jahren befriedigen können. Unsere Pläne müssen groß genug sein, um Gott einzuschließen. Sie müssen weit genug sein, um die Ewigkeit zu umfassen.

Wenn wir das Wort „Sehnsucht" hören, denken wir zunächst, das Wort habe sicher etwas mit „suchen" zu tun. Aber es kommt nicht von „suchen", sondern von „siechen", krank sein, verwundet sein. Ist das vielleicht die Grundbefindlichkeit des Menschen, dass er in sich eine offene Wunde trägt? Die offene Wunde „Sehnsucht"? Woher kommt das? Augustinus, der wie kaum ein anderer die Sehnsucht kannte, sagte: „Das ist so, weil Gottes Sehnsucht den Menschen anzieht. Gottes Leidenschaft ist der Mensch." Ein unerhörtes Wort. Gott hat in seiner Liebe und in seiner Sehnsucht nach dem Menschen ihm diese Wunde Sehnsucht ins Herz eingepflanzt. Gott steht wie der Vater im bekannten Gleichnis vom verlorenen Sohn an der Tür seines Hauses und schaut nach uns aus, wann wir heimkehren. Von dieser Sehnsucht ist unser Herz verwundet.

Sehnsucht ist der Anteil, der uns Gott ähnlich macht, weil die Sehnsucht maßlos ist. Wir leben aus dem Durst nach Unendlichkeit.

Tief in uns lebt die Sehnsucht, die den Menschen über alle Horizonte hinausführt. Aber haben wir die eine große Sehnsucht aufgelöst in Sehnsüchte? Haben wir einen Plural daraus gemacht? Viele kleine, zerstückelte Sehnsüchte? Und dann glauben wir, wenn wir unsere kleinen Begierden befriedigen, dann seien wir glücklich. Doch dieses Glück ist kurzlebig und wird sehr bald schal. Oft werden die Sehnsüchte, denen wir nachjagen, zur Sucht. Es gibt heute viele Möglichkeiten so zu tun, als habe man alles erreicht. Aber der Mensch wird nicht satt. Seine Sehnsucht kann zur Gier werden. Sie raubt uns die Freiheit und macht uns zu Sklaven der Sucht. Die bekanntesten Verführer sind Alkohol und Drogen. Das Ende vom Lied heißt nicht Glück und Erfüllung, sondern Abhängigkeit und Zwang. Die vielen Suchtkliniken und Entwöhnungskuren zeigen, wie gefährlich das Spiel ist. Die vielen Sehnsüchte und Wünsche können uns irreleiten, gaukeln uns falsche Ziele vor. Augustinus sagt dazu: „Suche, was du suchst, aber nicht dort, wo du es suchst."

Impuls Wie kann ich das Wort in mein Leben übersetzen: „Suche, was du suchst, aber nicht dort, wo du es suchst"? Die evangelische Kirche kennt für die Fastenzeit die Aktion: „Sieben Wochen ohne". Es ist sinnvoll, einmal vierzig Tage vor Ostern ohne einen Tropfen Alkohol zu leben. Ein Training, um freier und unabhängiger zu werden. Wir werden feststellen, wie der Versucher „Alkohol" uns überall einholt, von der Praline bis zum... Für Kinder finde ich den Vorsatz, in der Fastenzeit keine Süßigkeiten zu naschen, ein gutes Trainingsfeld.

Gott zeigt sich im Wunder des Wassers

Wort der Schrift So spricht der Herr, der einen Weg durchs Meer bahnt, einen Pfad durch das gewaltige Wasser: ... Denkt nicht mehr an das, was früher war; auf das, was vergangen ist, sollt ihr nicht achten. Seht her, nun mache ich etwas Neues. Schon kommt es zum Vorschein, merkt ihr es nicht? Ja, ich lege einen Weg an durch die Steppe und spende Wasser in der Wüste. Die wilden Tiere werden mich preisen, die Schakale und Strauße, denn ich lasse in der Steppe Wasser fließen und Ströme in der Wüste, um mein Volk, mein erwähltes, zu tränken. Das Volk, das ich mir erschaffen habe, wird meinen Ruhm verkünden. (Jes 43, 16-21)

Wort in den Tag Wasser begleitet unser Leben. Es stillt unseren Durst. Es ist lebensnotwendig, aber es kann auch lebensbedrohend sein. Es trägt und verschlingt. Es schenkt Gesundheit aus Heilquellen und kann in der Flut alle Lebewesen vernichten. Wir entstehen im Wasser. Wir haben es in uns. Wir brauchen es lebensnotwendig. Es zeigt sich uns als Schneekristall, als Regenbogen oder als Sturmflut des Meeres. Wir begegnen ihm schon im Fruchtwasser im Mutterleib, im Trinken und Waschen, im Schwitzen und Weinen, im Baden und Besprengen, in rituellen Reinigungen und in der Taufe.

Wasser ist kostbar, und es wird immer kostbarer, denn die Reserven an Süßwasser auf der Erde sind erstaunlich klein. Nur zwei Prozent sind trinkbar. Die Beduinen in der Wüste wissen, wie heilig jeder Tropfen Wasser ist.

Die erste Bedingung, um in der Wüste zu überleben, heißt Wasser. Man kann die Wüste nur bestehen, wenn man die Oasen kennt, um die Brunnen weiß. Und Menschen der Wüste glauben, dass die Brunnen Gabe Gottes sind. „Denn ich lasse in der Steppe Wasser fließen und Ströme in der Wüste", verspricht Jahwe seinem Volk. (Jes 43,20) Das Volk Israel, das 40 Jahre durch die Wüste wanderte, sagte: Die Brunnen sind das Auge Gottes, mit dem er nach uns schaut.

Antoine de Saint-Exupéry beschreibt anschaulich, wie unser Reichtum an Wasser andere sprachlos vor Staunen macht:

„Einige Wochen zuvor hatte man sie in Savoyen herumgeführt. Ihr Führer hatte sie zu einem kräftigen Wasserfall gebracht, der wie eine geflochtene Säule herabfiel und dumpf rauschte. Er hatte sie aufgefordert zu kosten. Und es war süßes Wasser gewesen. Wasser!
Wie viele Tagemärsche braucht man hier, um den nächsten Brunnen zu erreichen. Wie viele Stunden lang muss man dann den Sand herausschippen, der ihn überweht hatte, um zu einer schlammigen Masse mit einer deutlichen Beimischung von Kamelharn zu gelangen. [...]
Dieses Wasser nun, das hier so karg ist, von dem in Port-Étienne in zehn Jahren kein Tropfen gefallen war, das kam dort dumpf rauschend geschossen, als drohten die Wasservorräte der ganzen Welt aus einem lecken Speicher auszulaufen.
Der Führer sagte: ‚Gehen wir weiter!' Sie aber rührten sich nicht vom Fleck und baten nur: ‚Noch einen Augenblick!' Weiter sprach keiner ein Wort. Stumm und ernst schauten sie dem Ablauf dieses erhebenden

Schauspiels zu. Hier lief aus dem Bauch des Bergs das Leben selbst, der heilige Lebensstoff. Der Ertrag einer Sekunde hätte ganze verschmachtende Karawanen zum Leben erweckt, die ohne ihn auf Nimmerwiedersehen in der unendlichen Weite der Salzseen und Luftspiegelungen dahingegangen waren. Hier zeigte sich Gott sichtbar.
Unmöglich, einfach gleich weiterzugehen. Gott hatte die Schleusen seiner Macht geöffnet. Ehrfurchtsvoll, regungslos standen die drei vor dem Wunder. ‚Weiter ist hier nichts zu sehen. Kommt!' drängte der Führer. ‚Wir müssen warten!' ‚Worauf denn?' ‚Bis es aufhört.'
Sie wollten die Stunde erwarten, in der Gott seine Verschwendung leid tat! Denn Gott ist geizig, er bereut schnell. ‚Aber dieses Wasser läuft seit tausend Jahren!' Während des Abends, den ich bei ihnen verbrachte, fiel kein Wort über den Wasserstrahl. Es gibt Wunder, von denen man besser schweigt."[4]

Impuls Wasser wird immer kostbarer auf unserer Erde. Wir sollten frühzeitig lernen, sparsam damit zu sein. Denn in vielen Ländern gehen wir verschwenderisch damit um. Jeder Bürger in unserem Land verbraucht durchschnittlich etwa einhundertvierzig Liter Wasser pro Tag. Und der Verbrauch steigt stetig. Zum Beispiel verbraucht jeder täglich: drei bis sechs Liter zum Trinken und Kochen, aber zwanzig bis vierzig Liter zum Baden oder Duschen, dreißig Liter zum Wäschewaschen, zwanzig bis fünfzig Liter für die Toilettenspülung.
Wie können wir die Kostbarkeit des Wasser neu entdecken? Einmal einen Tag darauf achten, wozu man Wasser braucht. Nachsehen, ob ein Wasserhahn leckt. Sich erkundigen, was eine „Spartaste" bei der Toilettenspülung kostet. Einen Spaziergang im Regen machen oder die Wolkenbilder beobachten. Über Redensarten rund ums Wasser nachdenken: „Wem steht das Wasser bis zum Hals?" „Einem, der es nötig hat, den Kopf waschen." „Wer ist mit allen Wassern gewaschen?" „Er kann kein Wässerchen trüben." „Stille Wasser gründen tief."

Rebekka, die Frau am Brunnen
(Gen 24,1-27)

Abraham war alt und hochbetagt; der Herr hatte ihn mit allem gesegnet. Eines Tages sagte er zum Großknecht seines Hauses, der seinen ganzen Besitz verwaltete: Du sollst vielmehr in meine Heimat zu meiner Verwandtschaft reisen und eine Frau für meinen Sohn Isaak holen.
Der Knecht entgegnete ihm: Vielleicht will aber die Frau mir gar nicht hierher in dieses Land folgen. Soll ich dann deinen Sohn in das Land zurückbringen, aus dem du ausgewandert bist?
Hüte dich, antwortete ihm Abraham, meinen Sohn dorthin zurückzubringen! Der Herr, der Gott des Himmels, der mich weggeholt hat aus dem Haus meines Vaters und aus meinem Heimatland, der zu mir gesagt und mir geschworen hat: Deinen Nachkommen gebe ich dieses Land!, er wird seinen Engel vor dir hersenden, und so wirst du von dort eine Frau für meinen Sohn mitbringen. ...
Der Knecht nahm zehn von den Kamelen seines Herrn und machte sich mit allerlei kostbaren Sachen aus dem Besitz seines Herrn auf die Reise. Er brach auf und zog nach Mesopotamien in die Stadt Nahors. Vor der Stadt ließ er die Kamele am Brunnen lagern. Es war gegen Abend, um die Zeit, da die Frauen herauskommen, um Wasser zu schöpfen.
Er sagte: Herr, Gott meines Herrn Abraham, lass mich heute Glück haben, und zeig meinem Herrn Abraham deine Huld! Da stehe ich an der Quelle, und die Töchter der Stadtbewohner werden herauskommen, um Wasser zu schöpfen. Das Mädchen, zu dem ich dann sage: Reich mir doch deinen Krug zum Trinken!, und das antwortet: Trink nur, auch deine Kamele will ich tränken!, sie soll es sein, die du für deinen Knecht Isaak bestimmt hast. Daran will ich erkennen, dass du meinem Herrn Huld erweist.
Kaum hatte er aufgehört zu sprechen, da kam auch schon aus der Stadt Rebekka mit dem Krug auf der Schulter. Sie war dem Betuël geboren worden, dem Sohn der Milka, die die Frau Nahors, des Bruders Abrahams, war. Das Mädchen war sehr schön, und sie war ledig; noch kein Mann hatte sie erkannt. Sie stieg

zur Quelle hinab, füllte ihren Krug und kam wieder herauf. Da ging der Knecht schnell auf sie zu und sagte: Lass mich ein wenig Wasser aus deinem Krug trinken! Trink nur, mein Herr!, antwortete sie, ließ geschwind den Krug auf ihre Hand herab und gab ihm zu trinken. Nachdem sie ihm zu trinken gegeben hatte, sagte sie: Auch für deine Kamele will ich schöpfen, bis sie sich satt getrunken haben. Flink leerte sie ihren Krug an der Tränke und lief noch einmal an den Brunnen zum Schöpfen. So schöpfte sie für alle Kamele.

Der Knecht Abrahams schaute ihr schweigend zu; er wollte sehen, ob der Herr seine Reise gelingen ließe oder nicht. Als die Kamele mit dem Trinken fertig waren, nahm der Mann einen goldenen Nasenreif, einen halben Schekel schwer, und zwei goldene Spangen für ihre Arme, zehn Goldschekel schwer, und fragte: Wessen Tochter bist du? Sag mir doch, ob im Haus deines Vaters für uns Platz zum Übernachten ist! Sie antwortete ihm: Ich bin die Tochter Betuëls, des Sohnes der Milka und des Nahor. Weiter sagte sie zu ihm: Stroh und Futter haben wir reichlich, auch Platz zum Übernachten.

Da verneigte sich der Mann, warf sich vor dem Herrn nieder und sagte: Gepriesen sei der Herr, der Gott meines Herrn Abraham, der es meinem Herrn nicht an Huld und Treue fehlen ließ. Der Herr hat mich geradewegs zum Haus des Bruders meines Herrn geführt.

Wo Himmel und Erde sich begegnen

Wort der Schrift Herr, unser Herrscher, wie gewaltig ist dein Name auf der ganzen Erde; über den Himmel breitest du deine Hoheit aus. Seh' ich den Himmel, das Werk deiner Finger, Mond und Sterne, die du befestigt: Was ist der Mensch, dass du an ihn denkst, des Menschen Kind, dass du dich seiner annimmst? (Ps 8,2,4,5)

Wort in den Tag Der Philosoph Karl Jaspers, 1969 gestorben und in Oldenburg, nicht weit von der Nordseeküste geboren, sagte einmal, dass wir am Meer den Ort finden, wo sich Himmel und Erde begegnen. Tatsächlich ist es oft so, dass wir in unserem Lebenswandel weder der Erde noch dem Himmel begegnen. So wie wir zwischen den Häuserreihen nur noch wenig vom Himmel entdecken, unter unseren Füßen nur noch wenig von der Erde spüren, so ist es auch in dem Vielerlei der zu erledigenden Dinge, dass wir kaum den Horizont unseres Tuns absehen. Unendlich viele Dinge zeigen uns unsere Endlichkeit; selten bekommen wir Weitblick und Durchsicht, selten ist Zeit und Muße, um einen Überblick über wichtig und unwichtig, sinnvoll und sinnlos zu bekommen.

Folgen wir einmal K. Jaspers auf seinem Gang zum Meer:

> *„Ich bin mit dem Meer aufgewachsen. An einem Abend ging ich mit meinem Vater den weiten Strand hinunter. Es war tiefe Ebbe, der Weg über den frischen, reinen Sand war sehr lang bis ans Wasser. Da lagen die Quallen, die Seesterne, Zeichen des Geheimnisses der Meerestiefe. Ich war wie verzaubert, habe nicht darüber nachgedacht. Die Unendlichkeit habe ich damals unreflektiert erfahren. Seitdem ist mir das Meer wie der selbstverständliche Hintergrund des Lebens überhaupt. Das Meer ist die anschauliche Gegenwart des Unendlichen. Unendlich die Wellen. Immer ist alles in Bewegung, nirgends das Feste und Ganze in der doch fühlbaren unendlichen Ordnung."*

Hinausgehen ins Freie, das ist schon ein wichtiger Schritt, den sich viele mit einer längeren Fahrt erarbeiten müssen. Da ist zunächst innen noch vieles, was meine Gedanken bewegt, meinen Kopf schmerzen lässt. Unruhig spielen meine Finger, ein Blick auf die Uhr zeigt mir, wie viel Zeit ich für die Unendlichkeit habe. Ständig ist das Meer in Bewegung, mehr oder weniger; und doch kann es „Gegenwart des Unendlichen" sein. Viele können den Blick übers Meer nicht aushalten, fühlen sich klein gegenüber dieser Weite, unsicher gegenüber dem Unbegrenzten.
Ich liefere mich aus, wenn ich mich dem Meer ausliefere;
denn es zeigt, was unklar ist und nach Klarheit verlangt.
Es zeigt mir, was kleinlich ist und nach Großzügigkeit verlangt.
Es zeigt mir, was trübe ist und nach Reinigung verlangt.
Es zeigt mir, was starr ist und nach Lebendigkeit verlangt.
Es zeigt mir, was verklemmt ist und nach Befreiung verlangt.
Es zeigt mir, was stumpf geworden ist und nach Klingen verlangt.
Einmal, es war am Nachmittag des Ostersonntags, gingen wir nach den Anstrengungen der vielen Karwochenliturgien am Meer entlang. Die Sonne wärmte, die Wellen sangen das alte Lied.. Es riss mich fort, es zog mich hinein, alle Konvention über Bord, mit allem hinein. Kühle, Frische, Lebendigkeit, sich selbst, das Leben, die Schöpfung und – mit österlichem Lachen – Neuwerden erfahren. Das verlangt Mut, vielleicht sogar Über-Mut,

weil man lassen muss, vor allem sich selbst lassen muss, um dem Unendlichen, auch dem unendlichen Gott Raum zu geben. Wohl jedem geht der Sonnenuntergang am Meer zu Herzen. Schnell wird die Digitalkamera geholt, um zum hundertsten Mal das Naturschauspiel festzuhalten. Dort wartet HEINRICH HEINE auf uns und sinniert:

> *„Gar besonders wunderbar wird mir zu Mute, wenn ich allein in der Dämmerung am Strande wandle, – hinter mir flache Duhnen, vor mir das wogende, unermessliche Meer, über mir der Himmel wie eine riesige Kristallkuppel Ich erscheine mir dann selbst sehr ameisenklein, und dennoch dehnt sich meine Seele so weltenweit. Die hohe Einfachheit der Natur, wie sie mich hier umgibt, zähmt und erhebt mich zu gleicher Zeit, und zwar in stärkerem Grade als jemals eine andere erhabene Umgebung."*[5]

Impuls Suche einen Ort mit Weitblick: unbegrenzter Blick in einer begrenzten Zeit. Nichts erledigen müssen und wollen, sondern sich entführen lassen und sich Gott am Ende des Horizontes denken: endlich Unendlichkeit! Besser ist es, das wirklich zu tun, möglich ist es auch: die Augen zu schließen und sich hindenken an den Strand, sich ausbreiten, ausatmen und warten. Wir brauchen solche Minuten, damit wieder Land in Sicht kommt!

Segel in den Wind setzen

Wort der Schrift Da trat Paulus in ihre Mitte und sagte: Männer, man hätte auf mich hören und von Kreta nicht abfahren sollen, dann wären uns dieses Unglück und der Schaden erspart geblieben.
Doch jetzt ermahne ich euch: Verliert nicht den Mut! Niemand von euch wird sein Leben verlieren, nur das Schiff wird untergehen. Denn in dieser Nacht ist ein Engel des Gottes, dem ich gehöre und dem ich diene, zu mir gekommen und hat gesagt: Fürchte dich nicht, Paulus! Du musst vor den Kaiser treten. Und Gott hat dir alle geschenkt, die mit dir fahren. (Apg 27,21-24)

Wort in den Tag Ihr Schiff dümpelt so dahin? Die Tage verlaufen nach gut katholischer Tradition: Wie es war im Anfang, so auch jetzt und alle Zeit? Kein frischer Wind, nur noch lauwarme verbrauchte Luft? Dann wird es Zeit. Das wäre die Stunde der Reiseanbieter, neue Welten zum Billigpreis. Doch so einfach und billig ist ein Leben nicht in Schwung zu bringen.

Der brasilianische Bischof Dom Helder Camara rät:

Wenn dein Boot,
seit langem im Hafen vor Anker,
dir den Anschein
einer Behausung erweckt,
wenn dein Boot
Wurzeln zu schlagen beginnt
in der Unbeweglichkeit des Kais:
such das Weite.
Um jeden Preis müssen
die reiselustige Seele deines Bootes
und deine Pilgerseele
bewahrt bleiben.

Ungeübte Messdiener ziehen unter Orgelgebraus in die Kirche ein, Kniebeuge, zum Platz – und lassen sich in die Polster fallen. Ja, denke ich, so geht das nicht nur hier. Sicher sind wir oft müde, erschossen, abgekämpft und ausgepowert. Sicher haben wir uns den Feierabend, den Liegestuhl rechtschaffen verdient. Aber wenn das zum Habitus wird: Wenn viele unserer Kinder, Jugendlichen und Erwachsenen sich für nichts mehr begeistern lassen, bewegungsarm und fettleibig zu werden drohen, dann greift die Trägheit des Leibes auch bald auf den Geist über.
„Ich mag keinen Sturm", höre ich oft. „Und an der Nordsee stürmt es doch meistens." Was andere Sturm nennen, ist für einen Inselbewohner oft nur ein bisschen Wind. Wellness ist angesagt, aber nicht raues Klima in rauer Landschaft! „Ins Meer gehe ich nicht, das ist ja viel zu kalt." Überdachtes Meerwasserschwimmbad bei dreißig °C mit künstlichen Palmen unter künstlichem Licht, das ist der Renner. Das Wasser ist da warm, wo es flach ist. Will man schwimmen, will man irgendwohin kommen, muss man schon das tiefere Wasser suchen, muss man sich schon mit dem Wind und den Wellen befreunden.
Alfred Delp, der Jesuit (1907-1945) rät, ähnlich wie Dom Helder Camara: „Man muss die Segel in den unendlichen Wind stellen, dann erst werden wir spüren, welcher Fahrt wir fähig sind."

Augenblicklich ist gesellschaftlich, wirtschaftlich und auch kirchlich „Flaute“. Auf allen Gebieten wird versucht, frischen Wind in die Konjunktur zu blasen. Allein der Glaube daran fehlt.
Als Christen hätten wir genügend, um Bewegung in die Welt zu bringen. Der pfingstliche Geist bewegte die Apostel und einen Paulus und seitdem unzählige Menschen, um die ganze Weltgeschichte in Bewegung zu bringen. Andere Fahrwasser scheinen attraktiver, einfacher, erfolgversprechender. Das alte Schiff Kirche muss wieder flottgemacht werden. Das geht nur mit den Kräften vieler Einzelner, die für sich das Evangelium als Kompass entdeckt haben und mutig tun, was Jesus gesagt hat. Der Rat Marias: „Was er euch sagt, das tut“, könnte Bewegung in das dahindümpelnde Boot bringen.
Andere Religionen sind der christlichen darin voraus: Der Islam ist im Aufwind, weil er betet, kämpft, wachsen will. „Setzt die Segel zur Sonne“, ruft uns die Schriftstellerin Ingeborg Bachmann zu. Es kann dann sein, dass uns Jesus auf dem Wasser entgegenkommt!

Impuls „Das Segel ist die Liebe. Der Heilig Geist der Mast.“ Wir sollten beten um den Geist Jesu, dass wir werden, was wir sind: Christen. Und als Christen sitzen wir in einem Boot mit dem Evangelium im Laderaum. „Sei reiselustig“, empfiehlt Camara. Mach Erfahrungen mit deinem Glauben! Eine Wallfahrt, wohin auch immer, kann mir zeigen, dass wir auf einem guten Weg sind. Der Heilige Brendan ist mit seinen Gefährten in Irland gestartet und in Neufundland gelandet – wann? Im fünften Jahrhundert!

Licht auf hoher See – der Leuchtturm

Wort der Schrift Der Herr zog vor ihnen her, bei Tag in einer Wolkensäule, um ihnen den Weg zu zeigen, bei Nacht in einer Feuersäule, um ihnen zu leuchten. So konnten sie Tag und Nacht unterwegs sein. Die Wolkensäule wich bei Tag nicht von der Spitze des Volkes, und die Feuersäule nicht bei Nacht. (Ex 13,21-22)

Wort in den Tag Im Brockhaus liest sich das so: „Leuchtturm, weithin sichtbares, turmartiges Seezeichen an für die Schifffahrt wichtigen Punkten der Küste, auf Inseln oder besonders gefahrvollen Untiefen. Leuchttürme haben Kennung durch Form und Farbe. Bei Nacht strahlt der Leuchtturm ein oder mehrere Leuchtfeuer aus. Zusätzlich sind oft Radaranlagen, Einrichtungen für Nebel- und Sturmwarndienst, Schiffsmelde-, Wetter- und Seenotdienst vorhanden."
Kaum einer, es sei denn, er ist berufsmäßig mit Schifffahrt und Leuchttürmen befasst, wird einen Leuchtturm ohne Emotionen und romantische Gefühle betrachten. Leuchttürme am Ende einer Landzunge bei Sonnenuntergang, das gleichmäßige Rotieren der Leuchtfeuer weit über Meer und Land bei Nacht und rettende Zeichen für schlingernde Schiffe in stürmischer Nacht. Dröhnende Nebelhörner und leuchtender Dorfschmuck inmitten eines kleinen Inseldörfchens.
Jedes Menschenkind wird angezogen von diesen Lichttürmen, die offenbar als In-Bilder fest in der menschlichen Seele verankert sind. Sie erzählen von stürmischen Zeiten, abgrundtiefen Ängsten, sonnigen Ferientagen und Hilfe in großer Not.
Diese wegweisenden Leuchtzeichen wurden von Menschen aufgestellt, die um die Notwendigkeit von Hilfe und Rettung auf gefahrvoller Fahrt wussten. Unter großen Mühen und manchmal unter großen Gefahren wurden sie erstellt, sind ständiger Kontrolle und Nachbesserung unterworfen. Wächter sorgen für Wartung; die meisten sind heute allerdings vollautomatisch und von einer Zentrale gesteuert. Vorbei das scheinbar romantische Leben eines Leuchtturmwärters inmitten des unendlichen Mee-

res. Unzählige Schriftsteller hat das Leben der Wärter zu oft dramatischen Erzählungen angeregt.
Leben wie ein Dahinfahren auf den Meeren der Welt, leichte Winde und blaues Meer, Möwen und ziehende Wolken: glückliche Zeiten voll Hoffnung und Zufriedenheit; dann stürmische Zeiten voll Chaos, Angst und Verzweiflung. Hochzeitsbilder voll Lachen – Tränen bei der Scheidung; Urlaub bei strotzender Gesundheit – ungeduldiges Erwarten der Untersuchungsergebnisse; gestern noch fröhlicher Spaziergang – heute Absprachen mit dem Bestattungsunternehmer. Suche nach Halt, Licht, Orientierung, Trost. Suche nach einem Lichtzeichen, einem Leuchtfeuer, wenn die Lebenswogen über einem zusammenschlagen! Sicher gibt es Menschen, die dann wie Leuchttürme waren, Felsen in der Brandung; Orientierungspunkte, Hoffnungszeichen.
Wohl dem, der Häfen zum Anlegen hat, gemütliche Stuben in ungemütlichen Zeiten! Und manchmal zeigt mir einer voll Dankbarkeit, dass ich für ihn so etwas wie ein Leuchtturm war in düsteren Zeiten.

„Ich möchte Leuchtturm sein in Nacht und Wind, für Dorsch und Stint, für jedes Boot- und bin doch selbst, ein Schiff in Not.“ (W. BORCHERT)

Als Schiff in Not brauche ich manchmal die Hilfe eines größeren Lichtes, als es uns Menschen möglich ist. So manches kleine Licht wird in den Kirchen angezündet, weil wir glauben und hoffen auf die „Sonne der Gerechtigkeit“, denn unsere Hilfe ist im Namen des Herrn. Welch ein Glaube strahlt aus dem Gebet einer gelähmten jungen Frau, die beten kann:

„Es hat lange gedauert, Herr, bis ich fertig war.
Man hat sich viel Mühe gegeben, damit ich das wurde,
was ich nun bin,
ein Leuchtturm.
Ich wurde hierher gestellt, an meinen bestimmten,
genau berechneten Platz,
umspült und umbraust von den Wogen des Meeres,
um den Schiffen zu leuchten, damit sie den rechten Weg finden,
auch in der Nacht und in heftigen Stürmen.
Kein Schiff soll an den Felsen zerschellen! Darum muss ich stets wachen und meine Lichter aufleuchten und kreisen lassen.
Ich bin noch jung, Herr, ohne Erfahrung. Aber einmal werde ich ein ganz alter Leuchtturm sein.
Heute jedoch wünsche ich mir, dass ich sehr vielen Schiffen, die mein Gebiet durchkreuzen,
Rettung, Hilfe aus der Not sein darf. Und um eines bitte ich dich noch,
Herr: Lass mich immer freudig meine Pflicht erfüllen;
ohne Stolz auf meine Werke, die doch in Wahrheit ein viel
Größerer lenkt als ich,
dessen unscheinbares kleines Werkzeug ich nur bin,
dein Leuchtturm.“

Impuls Manche Menschen „wissen“ nicht , dass sie ein Geschenk des Himmels sind. Dann gibt es doch die Möglichkeit, ihnen das einmal zu zeigen oder zu sagen: mit einer Postkarte von einem Leuchtturm, mit einem kleinen Geschenk, mit einer kräftigen oder zärtlichen Umarmung. Nicht irgendwann, sondern noch heute. Sie „wüssten“ es, würden wir es ihnen sagen!

Strandgut

Wort der Schrift Sie fuhren auf das Ufer zu, kamen nach Gennesaret und legten dort an. Als sie aus dem Boot stiegen, erkannte man ihn sofort. Die Menschen eilten durch die ganze Gegend und brachten die Kranken auf Tragbahren zu ihm, sobald sie hörten, wo er war. Und immer, wenn er in ein Dorf oder eine Stadt oder zu einem Gehöft kam, trug man die Kranken auf die Straße hinaus und bat ihn, er möge sie wenigstens den Saum seines Gewandes berühren lassen. Und alle, die ihn berührten, wurden geheilt. (Mk 6,53-56)

Wort in den Tag „Herr Pfarrer, wann kommt endlich der Müll aus der Kirche raus?“, fragte ein Mitglied unserer Kirchengemeinde. Viele Jahre zuvor waren dicke Balken in der Karwoche an den Strand gespült worden. Die wurden aufgesammelt, in unsere Inselkirche gebracht und zu einer Gruppe hinter dem Altar zusammengestellt. Das österlich gestaltete Kreuz mit seinem goldenen Christus und den vielen Edelsteinen, das bisher über dem Altar gehangen hatte, wurde abgenommen und mit Seilen an das Strandgut gebunden.

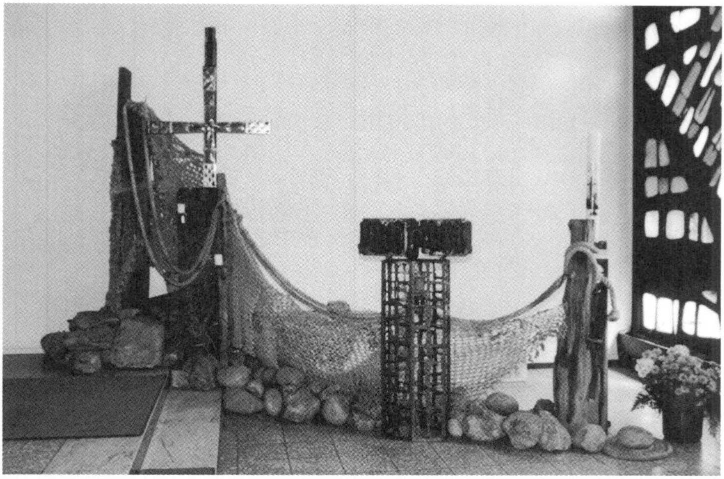

Die Aktion sorgte für viel Wirbel. Die einen begrüßten die Installation spontan, die anderen lehnten sie ebenso spontan ab als Fremdkörper und Schandfleck. „Das schöne Kreuz!“ Für einen Insulaner ist das Strandgut entweder etwas, das man gebrauchen kann, oder etwas, das auf den Müll kommt. Strandgut in der Kirche war deplatziert und ehrfurchtslos.

Seit 30 Jahren steht es nun so in der Kirche. Fischernetze sind dazugekommen, und auch der bis dahin unscheinbare Tabernakel wurde einbezogen.

Wie viele Menschen stranden, mit ihrem Lebensboot, ihren hochfliegenden Plänen, ihren wirtschaftlichen Verhältnissen, ihren begrenzten Möglichkeiten, ihrem Konkurs, ihrer menschlichen Pleite, ihrer psychischen Überforderung, ihren entgleisten Kindern, ihren zerbrochenen Beziehungen. So viele Farben und Formen kann menschliches Strandgut haben! Da werden sie dann angespült an die Strände dieser Welt – und werden vergessen, ausgestoßen, abtransportiert und manchmal entdeckt, aufgelesen, heimgeholt.

Jesus hat nichts anderes getan, als solchen Menschen aufgeholfen, denn er hatte Augen und sah, er hatte Ohren und hörte, er hatte ein Herz und schenkte Liebe. Selig pries er alle, die so nach dem Willen des Vaters an seinen Kindern handelten. Er gab denen, die unansehnlich geworden waren, wieder Ansehen. Er nahm sie auf und stellte ihr Leben wieder auf festen Grund, bevor die nächste Flut sie wieder mit sich in den Untergang riss. Jesu Aktionen sorgten ebenfalls für viel Wirbel. Am Strandgut kann man sich die Finger schmutzig machen und nasse Füße holen. Jesus gab den Gestrandeten eine neue Würde und heilte, was zerbrochen war. Wenn nun das österliche Kreuz am Strandgut hängt, dann ist das ein sprechendes und auch ein Zeichen, dem widersprochen wird. Gott hat sich in seinem Sohn so an alle gebunden, die als Strandgut dieser Welt angespült werden, dass er seinen einzigen Sohn dahingab, um sie zu erlösen. (Joh 3,16)

So gab er ihnen und uns bis heute die Gewissheit, dass er die nicht vergessen hat, die am Boden liegen, dass sein Geist unserer Schwachheit aufhilft. (Röm 8,26)

Sollte dann nicht jeder Christ mit den Augen Christi die wahrnehmen, die am Boden liegen, und die Strände dieser Welt ab-

suchen nach angespültem „Gut“, um auf-zu-suchen, was verloren schien? Sollte nicht jeder christliche Kirchenraum mit offenen Türen und offenen Herzen darin (vgl. das geöffnete Herz Jesu) Raum geben denen, die keinen Raum zum Atmen mehr haben?
Übers Meer der Zeit ruft es: „Herr, gib acht auf uns, denn das Meer ist so groß, und unser Boot ist so klein.“ (Bretonisches Fischergebet) Herr, gib acht auf uns, dass wir das Strandgut dieser Welt nicht übersehen!

Impuls Unter dem Titel „Strandgut“ veröffentliche R. O. WIEMER dieses Gedicht:

Wir haben am Strand im Sand gewühlt,
da ward uns vor die Füße gespült
ein Stück braunes Holz.

Und auf dem Holz von fremder Hand
Buchstaben waren eingebrannt,
irgendein Wort.

Das Wort war nicht groß, das Wort war klein,
was für ein Wort wohl mochte es sein?
Keiner konnte es lesen.

Wir sagten ‚Ruhm', wir sagten ‚Geld',
‚Brot' – ‚Heimat' – oder ‚Schiff zerschellt'.
Der Wörter gibt es viele.

Zuletzt hat einer ein Wort gesagt,
und dann hat keiner mehr gefragt.
Wir blickten uns lange an.

Finde das Wort auf dem Stück Holz! Das Wort, das uns sprachlos macht; ein Wort, das uns in die Knochen fährt; ein Wort, das uns auf die Knie fallen lässt.

Insel im gemeinsamen Meer

Wort der Schrift Sein kluger Plan bändigte das Meer und pflanzte Inseln im Ozean ein. Die Seefahrer erzählen von der Weite des Meeres; hören es unsere Ohren, so erschaudern wir. (Sir 43,23-24)

Wort in den Tag Ich, der ich seit fünfzehn Jahren auf einer Insel in der Nordsee wohne, frage oft Urlauber, ob sie auf einer solchen Insel leben möchten und könnten. Da zeigt sich, dass es offenbar „Inselmenschen" gibt und „Festländer". Die einen suchen die Ferne, den Abstand, fühlen sich frei und losgelöst, wollen hinter sich lassen; die anderen brauchen die Einbindung, den festen Boden unter den Fußen, um Verbindung halten zu können und mobil zu bleiben.
Insel, das ist beschränkter Raum, Begrenzung bis hin zur Isolation. Nicht alles machen müssen, weil man nicht alles machen kann; das kann befreiend sein. Auf einer Insel geht das Leben nicht im 5.Gang; es geht seinen Gang, und der ist langsamer, geruhsamer, überschaubarer. Wie viele sehnen sich gerade danach, das innere und äußere Leben überschaubarer, klarer und damit einfacher zu machen, das Vielerlei ordnen zu können, um zu sich selbst zu kommen.
Anne Morrow Lindbergh, Gattin des Atlantiküberquerers Charles Lindbergh, schreibt dazu:

Wie wunderbar sind Inseln!
Inseln im Unendlichen,
Inseln von unabsehbarem
Wasser umschlossen, ohne verbindende Brücken,
Kabel oder Telefone.
Eine Insel fernab der Welt und ihrem Getriebe.
Inseln inmitten der Zeit wie kurze Ferien.
Vergangenheit und Zukunft sind abgeschnitten:
nur die Gegenwart bleibt.
Das Dasein im Jetzt verleiht dem Inselleben
äußerste Intensität und Reinheit.

Wie ein Kind oder ein Heiliger lebt man in der
Unmittelbarkeit des Hier und Heute.
Jeder Tag, jede Handlung ist eine Insel,
von Zeit und Raum umspült
und in sich geschlossen wie eine Insel.
Auch die Menschen werden in dieser Atmosphäre
zu Inseln, in sich gestillt, unversehrt und
heiter gelassen. Sie achten die Einsamkeit
des anderen, dringen nicht an seine Küsten,
machen ehrfürchtig halt vor dem Wunder eines
anderen Individuums."
„Kein Mensch ist wie eine Insel", sagt John Donne. „Ich glaube, dass wir alle Inseln sind in einem gemeinsamen Meer."[6]

„Kein Mensch ist wie eine Insel." A. M. Lindbergh widerspricht dem. Mag der andere mein Ehemann oder mein Sohn sein, mein bester Freund oder meine Großmutter: immer wieder wird er für mich überraschend, fremd und doch noch ganz anders sein. Mag einer noch so ein Familienmensch, eine Betriebsnudel oder überall sein, wo was los ist: er bleibt auch ein Fall für sich, wie sein Fingerabdruck.
Wie viele Beziehungen scheitern daran, wie viele Familienfehden und Kleinkriege werden deshalb geführt, weil man den anderen nicht anders sein lassen kann, ihm die Luft zum eigenen Atmen nicht lässt, ihm nicht zugesteht, eine Insel für sich zu sein.
Es gehört Selbstvertrauen dazu, zum eigenen Profil zu stehen, anders zu sein, vielleicht sogar „quer". Nicht jedem ist es gegeben, Fels in der Brandung zu sein. Die Einsicht, dass wir alle Inseln sind – in einem gemeinsamen Meer, ist hilfreich und tröstlich. Manchmal ist es nötig, aus einer anderen Perspektive (Vogelperspektive?), aus einem anderen Blickwinkel heraus oder aus einem zeitlichen und räumlichen Abstand heraus, „die Dinge" zu betrachten. Und wir stellen oft fest, dass es doch geheime unterirdische Verbindungen gibt; dass selbst hinter scheinbar unversöhnlichen Fronten gemeinsame Anliegen, verstehbare Ansätze zu finden sind.
Das „gemeinsame Meer". Ist es das, dass wir alle Menschen sind, Geschöpfe des einen Schöpfers? Dass wir alle schwimmen in

den Strömen der Zeit oder dass wir alle schwimmen in dem, wonach wir uns am meisten sehnen: in der Liebe?
Friedensangebot Gottes: Insel sein müssen und sein dürfen und gleichzeitig in Verbindung stehen – mit IHM und miteinander!

Impuls Der Rabe Josef baut sich in der wunderbaren Geschichte von Janosch Höhenflugflügel. Damit nimmt er immer mal wieder Abstand von seiner Welt, um aus der anderen Perspektive sich und seine Welt zu betrachten. Individuum sein und Standfestigkeit haben; sich nicht absolut und losgelöst betrachten, sondern sich der Verbundenheit mit anderen vergewissern: Das hilft, nicht immerzu auf der Flucht zu sein, weder vor sich noch vor den anderen noch vor dem „ganz Anderen!“[7]

Versinken – ertrinken

Wort der Schrift Meine Seele, warum bist du betrübt und bist so unruhig in mir? Harre auf Gott; denn ich werde ihm noch danken, meinem Gott und Retter, auf den ich schaue. Betrübt ist meine Seele in mir, darum denke ich an dich im Jordanland, am Hermon, am Mizar-Berg. Flut ruft der Flut zu beim Tosen deiner Wasser, all deine Wellen und Wogen gehen über mich hin. Bei Tag schenke der Herr seine Huld; ich singe ihm nachts und flehe zum Gott meines Lebens. Ich sage zu Gott, meinem Fels: Warum hast du mich vergessen? Warum muss ich trauernd umhergehen, von meinem Feind bedrängt? (Ps 42,6-10)

Wort in den Tag Manche können nicht im Meer schwimmen, weil sie nicht wissen, was da drunter ist, welcher Untergrund, welches Getier. Die früheren Erfahrungen, dass mich das Wasser trägt, sind nicht mehr tragfähig. Das Vertrauen, das durchs Leben trug und auch durch dunkle Zeiten und Untiefen hindurchführte, ist der Angst vor der bodenlosen Tiefe gewichen. Wie in einen Strudel kann man geraten:

Was ich vorhatte, führt nicht zum Ziel, alles dreht sich im Kreis. Was sicher schien, ist ins Rutschen geraten, wird fraglich und beliebig. Was hoffnungsvoll begonnen hatte, stellt sich immer neu und immer wieder als hoffnungslos heraus. Man kommt den Gründen nicht mehr auf den Grund, sondern läuft auf Grund.

Die Erfahrung der Rettungsschwimmer zeigt, dass die Rettung Ertrinkender gefährlich ist. In der Todesnot, die nach Hilfe und Rettung schreit, ziehen sie den Retter mit in die Tiefe. Selbst „außer Atem“ nehmen sie dem anderen auch noch den letzten Atem. Unter Umständen hilft nur noch der alte Spruch: „Rette sich, wer kann!“

Es muss nicht Todesnot sein, aber plötzlich oder auch zunächst unbemerkt kann sich in unser Leben Untergangsstimmung einschleichen. Wenn dunkle Wolken aufziehen, Sturm aufkommt, wird das Meer grau und ungemütlich. Wenn meine Tage immer grauer werden und meine Umgebung mir signalisiert, dass ich immer ungemütlicher werde, dann wäre es an der Zeit für folgende Betrachtung:

Wenn der tiefe Grund des Meeres
deine Heimat geworden ist,
wenn sich für dich der Himmel immer wieder
mit Wolken bezieht, dunkelviolett,
wenn du erschrocken erkennst,
dass Brot und Wein in dir keinen Platz mehr finden.
wenn die verschlungenen Wege des Lebens
in deinen Träumen
sich zu unwiderruflichen Knoten verdichten,
dann such den geheimen Schlüssel,
bis du ihn findest,
und öffne die Truhe,
tief unten gehütet,
in der du von Anbeginn an
die Perlen gesammelt hast.
Dann
schau sie dir an,
jede für sich.
Dann
wirst du wissen,
was es war, das dich leben ließ.
Dann
wirst du wissen,
was dich
trotz allem –
auch jetzt wieder
leben
lässt. K. Weigel

Eine tiefe Depression ist so nicht in den Griff zu bekommen. Aber das Schwarzsehen, das meine Tage überziehen kann mit einem dunkelgrauen bis dunkelvioletten Schleier , das kann durch eine neue Kameraeinstellung in neue Bahnen gelenkt werden. Perlen wachsen unbemerkt und müssen entdeckt werden. Perlen entwickeln beim Tragen „auf der Haut" ihren Glanz.

Es lohnt, die Schätze der Vergangenheit dem Vergessen zu entreißen und anzuschauen, die „Früchte des Meeres“ zu heben, um nicht gänzlich auf Grund zu laufen.
Es ist wie eine Neugeburt, wenn man aus dem atemraubenden Rausch der Tiefe wieder auftauchen kann und Boden unter den Füßen gewinnt.
Aber es kann lange dauern, bis man dem Leben und auch dem Lebendigen wieder traut und an jedem Tag Perlen findet, die Mut zu neuen Taten und Tagen machen.
Wenn auch Brot und Wein, Gottesdienst und Gebet lange keinen Platz mehr auf meinem Tisch fanden, so kann langer Atem notwendig sein, bis Gott wieder zum tragfähigen Grund meines Lebens wird. Um die Tiefen zu wissen, auch um die Untiefen und dennoch dem bewegten Grund der Zeit und der Zeiten zu trauen, Schwimmen und nicht ins Schwimmen zu geraten, das ist die Kunst des Lebens.

Impuls Sinne den „Perlen“ nach, die es in jedem Leben gibt. Trauere ihnen nicht nach, sondern erinnere dich dankbar daran. Manche tragen Perlenketten um den Hals. „Lebensperlen“, in Gedanken um den Hals getragen, das kann vor dem „Ertrinken“ retten. Selbst im Ertrinken bin ich getragen. Ein Satz, den man für dunkle Zeiten, vorsichtshalber schon vorher, an die Tür geschrieben haben könnte.

Errettung am Schilfmeer

(Ex 14,15-31)

Der Herr sprach zu Mose: Was schreist du zu mir? Sag den Israeliten, sie sollen aufbrechen.
Und du heb deinen Stab hoch, streck deine Hand über das Meer, und spalte es, damit die Israeliten auf trockenem Boden in das Meer hineinziehen können. Ich aber will das Herz der Ägypter verhärten, damit sie hinter ihnen hineinziehen. So will ich am Pharao und an seiner ganzen Streitmacht, an seinen Streitwagen und Reitern meine Herrlichkeit erweisen. Die Ägypter sollen erkennen, dass ich der Herr bin, wenn ich am Pharao, an seinen Streitwagen und Reitern meine Herrlichkeit erweise.
Der Engel Gottes, der den Zug der Israeliten anführte, erhob sich und ging an das Ende des Zuges, und die Wolkensäule vor ihnen erhob sich und trat an das Ende. Sie kam zwischen das Lager der Ägypter und das Lager der Israeliten. Die Wolke war da und Finsternis, und Blitze erhellten die Nacht. So kamen sie die ganze Nacht einander nicht näher.
Mose streckte seine Hand über das Meer aus, und der Herr trieb die ganze Nacht das Meer durch einen starken Ostwind fort. Er ließ das Meer austrocknen, und das Wasser spaltete sich.
Die Israeliten zogen auf trockenem Boden ins Meer hinein, während rechts und links von ihnen das Wasser wie eine Mauer stand.
Die Ägypter setzten ihnen nach; alle Pferde des Pharao, seine Streitwagen und Reiter zogen hinter ihnen ins Meer hinein. Um die Zeit der Morgenwache blickte der Herr aus der Feuer- und Wolkensäule auf das Lager der Ägypter und brachte es in Verwirrung. Er hemmte die Räder an ihren Wagen und ließ sie nur schwer vorankommen. Da sagte der Ägypter: Ich muss vor Israel fliehen; denn Jahwe kämpft auf ihrer Seite gegen Ägypten.
Darauf sprach der Herr zu Mose: Streck deine Hand über das Meer, damit das Wasser zurückflutet und den Ägypter, seine Wagen und Reiter zudeckt. Mose streckte seine Hand über das Meer, und gegen Morgen flutete das Meer an seinen alten Platz zurück, während die Ägypter auf der Flucht ihm entgegenliefen. So trieb der Herr die Ägypter mitten ins Meer.

Das Wasser kehrte zurück und bedeckte Wagen und Reiter, die ganze Streitmacht des Pharao, die den Israeliten ins Meer nachgezogen war. Nicht ein einziger von ihnen blieb übrig.
Die Israeliten aber waren auf trockenem Boden mitten durch das Meer gezogen, während rechts und links von ihnen das Wasser wie eine Mauer stand. So rettete der Herr an jenem Tag Israel aus der Hand der Ägypter. Israel sah die Ägypter tot am Strand liegen. Als Israel sah, dass der Herr mit mächtiger Hand an den Ägyptern gehandelt hatte, fürchtete das Volk den Herrn. Sie glaubten an den Herrn und an Mose, seinen Knecht.

Am Ufer – die Ohnmacht

Wort der Schrift An den Strömen von Babel, da saßen wir und weinten, wenn wir an Zion dachten.
Wir hängten unsere Harfen an die Weiden in jenem Land.
Dort verlangten von uns die Zwingherren Lieder,
unsere Peiniger forderten Jubel: „Singt uns Lieder vom Zion!"
Wie könnten wir singen die Lieder des Herrn, fern, auf fremder Erde? (Ps 137,1-4)

Wort in den Tag Am Meeresufer die Ohnmacht. An der Grenze die Kapitulation. Es geht nicht mehr weiter. Das Land ist durchschritten. Wer weitergeht und die Grenze missachtet, ertrinkt in salzigen Fluten.
Jeder kommt an seine Grenze. Da kann er nicht mehr weiter. Voller Erwartung hat er begonnen. Hat seine besten Kräfte eingebracht.

Doch dann – die Enttäuschung. Wie gelähmt bleibt man stehen. Gibt es eine Zukunft jenseits dieser Grenze? Kommt ein Boot und fährt uns hinüber in das Land der Verheißung?
Im Bild von Edvard Munch „Zwei Frauen am Meeresufer" sind Ohnmacht und Hoffnung ausgedrückt. Zwei Frauen an ihrer

Grenze. Die schwarze Frau hat sich niedergesetzt. Sie hat die Wirklichkeit erfahren. Schon viele Hoffnungen sind in ihr gestorben. Sie ist zu müde geworden, um Ausschau zu halten. Sie läuft nicht weg. Sie verharrt. Sie weiß, man kann das Kommende nicht herbeizwingen. Das junge Mädchen steht aufrecht, gekleidet im Weiß der Freude – wie eine Braut, die ihren Geliebten erwartet. Über die Grenze hinweg schaut sie in die Ferne. Ihre Hoffnung reicht bis über den Horizont hinaus. Ihre Sehnsucht ist „uferlos".
Schon mancher hat sich niedergesetzt unter der Last des Lebens, ist zu müde geworden, um noch Ausschau zu halten. Andere finden sich nicht ab, in dunkler Resignation zu verharren. Sie bleiben stehen, schauen und warten und hoffen. Beide Gestalten gehören zusammen. Schwarz und weiß berühren sich. So nahe liegen Hoffnung und Resignation beieinander. Beide Gestalten sind in jedem Menschen zu finden.

Für die dunkle Frau steht ein Wort von Bertolt Brecht:

Ich gestehe es:
Ich habe keine Hoffnung.
Die Blinden reden von einem Ausweg.
Ich sehe.
Wenn die Irrtümer verbraucht sind,
sitzt als letzter Gesellschafter
uns das Nichts gegenüber.[8]

Für die helle Frau steht ein Wort von Charles Péguy:

Der Glaube, den ich am meisten liebe, sagt Gott, ist die Hoffnung.
*Der **Glaube** erstaunt mich nicht: Ich scheine so sehr hindurch in meiner Schöpfung. Die **Liebe** erstaunt mich nicht: Diese Geschöpfe sind zu arm, um ein Herz aus Stein zu haben – wie sollten sie einander nicht lieben?*
*Aber die **Hoffnung** – sagt Gott – die ist, die mich staunen macht. Sie ist erstaunlich und sicher das größte Wunder meiner Gnade: Ich bin selbst darüber erstaunt. Das, was mich staunen macht – sagt Gott – ist die Hoffnung. Ich kann mich nicht genug darüber wundern. Diese kleine Hoffnung, die nach nichts aussieht, diese kleine unsterbliche Tochter Hoffnung.*

*Die **kleine** Hoffnung zwischen ihren beiden großen Schwestern erweckt den Eindruck, dass sie sich ziehen ließe – wie ein Kind, das zum Laufen keine Kraft mehr hat. Aber in Wirklichkeit ist sie es, die die beiden anderen gehen macht, die diese zieht. Sie ist es, die jeden gehen macht und jeden zieht.*[9]

Impuls Die schwarze Frau Resignation und die weiße Frau Hoffnung sind auch in mir. Welche gewinnt bei mir die Oberhand? Auf welche Bilder in mir vertraue ich? „Treibt die Bilder mit den Bildern aus“, sagte der mittelalterliche Mystiker Meister Eckhart. Welche verlässlichen Worte stärken die Hoffnung in mir? Was lässt mich am Ufer meiner Ohnmacht dennoch Ausschau halten? Das Wort aus dem Psalm 18 zum Beispiel: „Mit meinem Gott überspringe ich Mauern.“ Mir gefällt auch ein Wort, das Robert Kennedy geliebt hat: „Manche Leute sehen Dinge, die es gibt, und fragen: Warum? Ich träume Dinge, die es noch nicht gibt, und frage: Warum nicht?“

Original-Zitat von George Bernard Shaw: „Ihr aber seht und sagt: Warum? Aber ich träume und sage: Warum nicht?“

Am Ufer des Flusses wartet der Fährmann Tod

Wort der Schrift Mose sagte zum Volk: Zwar hat der Herr mir wegen eures Murrens gegrollt und mir geschworen, ich dürfe nicht über den Jordan ziehen und das prächtige Land betreten, das der Herr, dein Gott, dir als Erbbesitz gibt. Ich muss in diesem Land hier sterben und werde nicht über den Jordan ziehen. Aber ihr werdet hinüberziehen und dieses prächtige Land in Besitz nehmen. (Dtn 4,21-22)

Wort in den Tag *„Ein Hirt saß bei seiner Herde am Ufer eines großen Flusses, der am Rand der Welt fließt. Wenn er Zeit hatte, schaute er über den Fluss und spielte auf seiner Flöte. Eines Abends kam der Tod über den Fluss herüber und sagte: Ich komme und möchte dich mitnehmen auf die andere Seite. Hast du Angst? Warum Angst? fragte der Hirt. Ich habe immer hinübergeschaut, seit ich hier bin. Ich weiß, wie es dort ist.*
Da legte ihm der Tod die Hand auf die Schulter, und der Hirt stand auf. Dann nahm der Tod ihn an der Hand und fuhr mit ihm über den Fluss, als wäre es nichts. Das Land am anderen Ufer war ihm nicht fremd, und die Töne seiner Flöte, die der Wind hinübergetragen hatte, waren noch da.“[10]

Wir alle tragen verlässliche Uhren, die unsere Zeit von Stunde zu Stunde kürzen. Wir alle stehen einmal am Ufer des großen Flusses. Manche warten länger, bis der Fährmann sie übersetzt. Sie schauen hinüber auf die andere Seite und verlieren ihre

Angst. Sie können den Tod als Bruder begrüßen. Franz von Assisi zum Beispiel ist singend gestorben. Im „Sonnengesang" heißt es: „Gelobt seiest du, mein Herr, durch unseren Bruder Tod, dem kein lebender Mensch entrinnen kann." Der alte Hirte fuhr über den Fluss, als wäre es nichts. Das Land am anderen Ufer war ihm nicht fremd.

Das Bild vom großen Fluss, den wir am Ende des Lebens überqueren müssen, ist wohl ein archetypisches Bild, das tief in uns schlummert. In der griechischen Mythologie ist es der greise Fährmann Charon, der mit seinem Nachen die Toten über den Grenzfluss Styx zum Totenreich fährt. Charon verlangt von seinen Passagieren einen Lohn für seinen Fährdienst. Deshalb legte man eine Münze unter die Zunge des Verstorbenen. Meistens war es eine griechische „Obule". Noch heute sprechen wir vom „Obolus".

Warum Angst haben? Der Aufbruch, der Exodus, der Auszug aus dem Gewohnten, der Abschied – all das sind Urerlebnisse des Glaubenden. Der Mensch ist Pilger, nur Gast auf Erden.

„Geh!" heißt das Wort, das Gott zu Abraham sagt. Und der Sesshafte wird zum Nomaden.

„Geht!" sagt Mose zum Volk und führt es aus der Knechtschaft in das „Gelobte Land". Als sie den Jordan überschritten, war die Exodusgeschichte an ihr Ziel gekommen. „Geh!" ist die Lebensmelodie des Glaubenden. Hermann Hesse sagt es in seinem Gedicht „Stufen" so: „Nur wer bereit zu Aufbruch ist und Reise, mag lähmender Gewöhnung sich entraffen. Es wird vielleicht auch noch die Todesstunde uns neuen Räumen jung entgegensenden, des Lebens Ruf an uns wird niemals enden. Wohlan denn, Herz, nimm Abschied und gesunde!"

Abschiedlich leben ist zu jeder Stunde unser Auftrag. Von Abschied zu Abschied, bis der letzte uns gelingt. Am Abend des Tages üben wir den Abschied. Jedes Jahr hat seinen Abschied. Machen wir zu Silvester deshalb so viel Lärm, weil wir Angst haben? Vom Abschied gekennzeichnet wandert unsere Zeit über geborgtes Land immer weiter nach Hause.

Aber wir können nicht hinüber ins Jenseits, wenn wir nicht diesseits des Wassers mit beiden Beinen an Land waren. Wir können nicht hinüber bis an den Hals in den Fluten. Wir müssen ganz hier sein, bis wir einst fortgehen können. Und wenn wir hier sind mit ganzem Herzen, ist der Blick nach drüben unser treuer Begleiter. Der Tod ist dann wie ein Horizont, und ein Horizont ist nichts anderes als die Grenze unseres Sehens. Hinter dieser Grenze ist das Land, in dem wir uns wiedersehen werden.

Impuls Abschied nehmen und loslassen sind Fähigkeiten, die wir in kleinen Schritten einüben können. Unser Festhalten an den Altlasten der Vergangenheit beugt unsere Seele. Ich möchte Sie einladen, in einer Übung der sogenannten „Imagination" das Loslassen zu probieren. Wichtig ist, dass Sie sich nach den einzelnen Schritten viel Zeit nehmen und die inneren Bilder absichtslos anschauen.

Ich stehe am Ufer eines großen Flusses.
Das Wasser strömt langsam an mir vorbei.
Ich schaue stromaufwärts
und sehe einen großen Kahn, der ganz langsam auf mich zukommt.
Das Schiff legt am Ufer, wo ich stehe, an.
Der Laufsteg wird ausgefahren und der Laderaum geöffnet.
Arbeiter mit großen Lasten auf dem Rücken beladen das Schiff.
Ich denke an meine eigene Last,
meine Sorgen,
meine Traurigkeit.
Dann reihe ich mich bei den Arbeitern ein und trage meine Last in das Schiff.
Ich lege meinen schweren Sack in den Schiffsbauch.
Dann verlasse ich das Schiff und gehe wieder an Land.
Der beladene Kahn legt ab.
Er liegt tief im Wasser.
Er nimmt seine Fahrt wieder auf.
Ganz langsam entfernt er sich. Das Schiff wird kleiner und kleiner.
Schließlich entschwindet es um eine Flussbiegung meinen Augen.

Vertrauen hält über Wasser

Wort der Schrift Jesus forderte die Jünger auf, ins Boot zu steigen und an das andere Ufer vorauszufahren. Inzwischen wollte er die Leute nach Hause schicken. Nachdem er sie weggeschickt hatte, stieg er auf einen Berg, um in der Einsamkeit zu beten. Spät am Abend war er immer noch allein auf dem Berg. Das Boot aber war schon viele Stadien vom Land entfernt und wurde von den Wellen hin und her geworfen; denn sie hatten Gegenwind.

In der vierten Nachtwache kam Jesus zu ihnen; er ging auf dem See. Als ihn die Jünger über den See kommen sahen, erschraken sie, weil sie meinten, es sei ein Gespenst, und sie schrieen vor Angst. Doch Jesus begann mit ihnen zu reden und sagte: Habt Vertrauen, ich bin es; fürchtet euch nicht! Darauf erwiderte ihm Petrus: Herr, wenn du es bist, so befiehl, dass ich auf dem Wasser zu dir komme. Jesus sagte: Komm! Da stieg Petrus aus dem Boot und ging über das Wasser auf Jesus zu. Als er aber sah, wie heftig der Wind war, bekam er Angst und begann unterzugehen. Er schrie: Herr, rette mich! Jesus streckte sofort die Hand aus, ergriff ihn und sagte zu ihm: Du Kleingläubiger, warum hast du gezweifelt? Und als sie ins Boot gestiegen waren, legte sich der Wind. Die Jünger im Boot aber fielen vor Jesus nieder und sagten: Wahrhaftig, du bist Gottes Sohn. (Mt 14,22-33)

Wort in den Tag Für Eltern ist der erste selbständige Schritt ihres Kindes eine ganz wichtige Erfahrung. Sie ahnen, was er für die Entwicklung ihres Kindes bedeutet. Sie helfen ihm dabei. Die Mutter stellt sich zwei Schritte entfernt. Sie breitet die Arme aus und ruft: „Komm!" Das Kind schaut nach vorne – über eine unendlich weite Strecke hinweg – wirft sein Vertrauen hinüber zur Mutter und kommt nach.

„Komm!" sagt Jesus zu Petrus. Und der steigt aus dem Boot, setzt seinen Fuß auf das Wasser, wirft sein Vertrauen hinüber zu dem, der ihn ruft, und das Wasser trägt. Solange er auf den Lockruf: „Komm!" vertraut, trägt das Wasser. Auf einmal denkt er an den Sturm und die Wellen und bekommt Angst. Sofort be-

ginnt er zu sinken. „Herr, rette mich!" schreit er. Jesus streckt seine Hand aus und hält ihn fest. „Du Kleingläubiger, warum hast du gezweifelt?" fragt ihn Jesus.
Wo Petrus sich einlässt auf dieses „Komm!", wo er glaubt und vertraut, kann er über Wasser gehen. Wo er in Panik und Angst auf die Wellen starrt und meint, sich selbst über Wasser halten zu müssen, versinkt er in den Fluten. Aber es ist tröstlich, dass auch dann noch die Hand da ist, die den Kleingläubigen rettet.
Ist nicht unser ganzes Leben wie ein Schreiten „über Wasser"? Getragen von jenem geheimnisvollen „Komm!", das wir Vertrauen und Glauben nennen? Wie oft haben wir im Leben gegen die Fluten der Angst zu kämpfen, die uns zu verschlingen drohen. Wie wichtig sind die Erfahrungen, dass Vertrauen trägt. Wie der erste Schritt ins Leben getragen ist vom Vertrauen auf das Wort „Komm!", vom Vertrauen auf die Mutter, deren Arme ausgebreitet sind, vom Vertrauen auf die Hand, die auffängt, wenn wir straucheln, so sind wir getragen vom Urvertrauen, dass die Fluten der Angst uns nicht überwältigen können.
Das Kapital an Vertrauen ist schnell verspielt. Wie oft habe ich gehört: „Ich kann niemandem mehr vertrauen! Ich bin im Leben so oft enttäuscht worden." Das Misstrauen wächst. Misstrauen ist wie eine Mauer, die man um sich baut. Sie wird zum Käfig, der uns isoliert und einsam macht. Wir kommen nicht durch, ohne immer wieder mal zu sagen: „Ich widersage dem Misstrauen!"
Vertrauen ist immer ein Wagnis. Vertrauen ist aber das Baugerüst unseres Lebens. Wir können den Alltag gar nicht bestehen ohne viele Schritte des Vertrauens. Sie steigen in Ihr Auto. Sie vertrauen darauf, dass der Monteur bei der letzten Inspektion die Bremsen richtig eingestellt hat. Sie treten eine Flugreise an. Sie geben sich vertrauensvoll in die Hände der Piloten und der Fluglotsen. Sie gehen zum Arzt. Sie vertrauen darauf, dass er Ihnen die richtige Medizin verschreibt. Sie vertrauen einem Freund etwas an. Sie sind sich sicher, dass er es nicht gleich weitererzählt. Sie können nicht alles überprüfen. Vertrauen ist das Baugerüst, das unser Leben hält.
Und Gott? Kann ich ihm vertrauen? „Komm!" heißt der Lockruf. In einem Tagesgebet der Liturgie heißt es: „Gott, du ent-

ziehst keinem deine väterliche Hand.“ Eine Einladung an alle, die enttäuscht worden sind. Mein Glaube ist ein Abenteuer des Vertrauens. Ich singe die Melodie des Vertrauens: „Wenn alle dich verlassen, ich verlasse dich nicht“, sagt die Schrift. „Wenn eine Mutter ihr Kind vergäße, ich vergesse dich nicht“ (Jes 49,15). Ein Mensch kann nicht tiefer fallen als in Gottes Hand. Das Wort der Bibel ist verlässlich: „Eine Zuflucht ist für dich der ewige Gott, unter dir sind ewige Arme ausgebreitet.“ (Dtn 33,27) Ja, Gott entzieht keinem seine väterliche Hand.

Impuls Zum Schluss mute ich Ihnen eine schreckliche Geschichte zu. Ein Gleichnis, das in uns Protest und Abscheu hervorruft. Und doch ist diese Geschichte wahr, wie mir viele in Gesprächen versicherten. Sie macht auch deutlich, dass wir entgegen allen negativen Erfahrungen Bilder in uns wach halten müssen: vom ersten Schritt des Kindes, vom Petrus, der erfährt, wie man über das Wasser gehen kann.
In den alten Erzählungen der Chassidim heißt es: Ein Vater stellt seinen Sohn auf eine hohe Mauer. Dann streckt er dem Kind seine Hände entgegen und sagt: „Spring, ich fang' dich auf!“ Das Kind zögert, es hat Angst. Der Vater ermutigt es: „Ich fang' dich doch auf!“ Schließlich springt das Kind. Der Vater zieht seine Hände weg. Das Kind fällt auf den Boden. Dem weinenden Kind erklärt der Vater: „So ist unsere Welt! Niemandem darfst du vertrauen, nicht einmal deinem Vater!“

Tränen sind Perlen

Wort der Schrift Wer Ohren hat, der höre! Mit wem soll ich diese Generation vergleichen? Sie gleicht Kindern, die auf dem Marktplatz sitzen und anderen Kindern zurufen: Wir haben für euch auf der Flöte Hochzeitslieder gespielt, und ihr habt nicht getanzt; wir haben Klagelieder gesungen, und ihr habt nicht geweint. (Mt 11,15-17)

Wort in den Tag Die Tränen sind eine besondere Art Wasser. Die Tränen schmecken salzig, und sie schützen das Auge. Die Flüssigkeit aus den Tränendrüsen am oberen Rand der Augenwinkel befeuchtet die Augen und lässt sie strahlen. Tränen schwemmen das Sandkorn heraus und reinigen das Auge auf staubigen Straßen. Sie leisten uns also wertvolle Dienste. Wenn die folgende Information nicht so ernst wäre, klänge sie lustig: Es gibt Zahlen, danach könnten in Deutschland täglich etwa 40 Badewannen mit Tränen gefüllt werden.

Wenn die Tränen nicht gerade beim Zwiebelschneiden in die Augen schießen, finden wir sie störend und peinlich. Ein „Dorn im Auge" sind uns die Tränen. Besonders Männer vermeiden sie. Als Kind werden wir schon so erzogen: „Indianer weinen nicht!" Den Frauen gesteht man es eher zu, dass sie weinen. Deshalb müssen sie nicht gleich „Heulsusen" sein. Mit Tränen kann man andere täuschen und manipulieren. Die Krokodilstränen sind bekannt dafür.

Wer weint, löst bei seinen Mitmenschen unterschiedliche Reaktionen aus. Tränen können Verwirrung auslösen oder Zuwendung erzwingen. Wir weinen bei körperlichen Schmerzen oder aus seelischem Kummer. Auch können wir lachen, bis die Tränen kullern. Wir sollten sie aber nicht unterdrücken, raten die Psychologen. Wer in der Trauer weinen kann, weiß, dass die Heilung beginnt. Tränen können uns von seelischen Lasten befreien. Sie lösen unsere Gefühlsspannung. Wir haben ein Recht auf unsere Gefühle und dürfen sie zeigen. Sie sind ein Ventil. Ihr Tabu ist das Übel.

Frühere Generationen hatten keine Scheu, öffentlich zu wei-

nen. Die Bibel gibt uns Auskunft darüber. David zum Beispiel weinte: „Da brachen David und die Leute, die bei ihm waren, in lautes Weinen aus, und sie weinten, bis sie keine Kraft mehr zum Weinen hatten." (1 Sam 30,4). Das Buch der Klagelieder ist tränenreiche Literatur: „Darüber muss ich weinen, von Tränen fließt mein Auge. Fern sind alle Tröster, mich zu erquicken. Verstört sind meine Kinder, denn der Feind ist stark (Klgl 1,16) Und das Buch der Weisheit sieht im Weinen den ewigen Refrain des Lebens: „Geboren atmete auch ich die gemeinsame Luft, ich fiel auf die Erde, die Gleiches von allen erduldet, und Weinen war mein erster Laut wie bei allen." (Weish 7,3)

Jesus selbst hat über die Stadt Jerusalem geweint (Lk 19,21) und über den Tod seines Freundes Lazarus (Joh 11,35). Er hat die weinenden Frauen am Weg nach Golgatha getröstet. (Lk 23,28) Jesus möchte, dass wir Gefühle zeigen, dass wir tanzen, wenn man Lieder für uns aufspielt. Er möchte, dass wir weinen, wenn Klagelieder gesungen werden. Distanzierte Zuschauer schotten sich wasserdicht ab. Im Buch der Offenbarung ist das drastisch ausgedrückt: „Ich kenne deine Werke. Du bist weder kalt noch heiß. Wärest du doch kalt oder heiß! Weil du aber lau

bist, weder heiß noch kalt, will ich dich aus meinem Mund ausspeien." (Offb 3,15-16)
Im Alten und Neuen Testament wird berichtet, dass Menschen oft ihre Sünden beweinen. Das bekannteste Beispiel ist der Apostel Petrus. Er hat den Herrn verleugnet, als die Magd ihn im Hof des Hohenpriesters am Kohlenfeuer erkannte. „Gleich darauf krähte der Hahn zum zweitenmal, und Petrus erinnerte sich, dass Jesus zu ihm gesagt hatte: Ehe der Hahn zweimal kräht, wirst du mich dreimal verleugnen. Und er begann zu weinen." (Mk 14,54, 66-72)
Reuetränen können heilsam sein. Judas und Petrus taten das Gleiche: Sie verrieten den Herrn. Judas machte sich davon und erhängte sich. Petrus ging hinaus und weinte bitterlich. Die Reue ist mehr als nur ein dahingesagtes „Sorry". Sie ist mehr als nur ein Bedauern, das nicht einmal zu Tränen rührt. Die Reue zerreißt die Zusammenhänge des Unheils. Sie entgiftet den Menschen und schenkt neue Zukunft. „Ich bereue", das ist keine nutzlose Feststellung. Die Vergangenheit wird zur heilsamen Krise. Reue ist der erste Schritt zur tiefen Versöhnung.
Der heilige Augustinus hat bei seiner Bekehrung seine Sünden beweint. Er gab sich seinen Tränen hin und fühlte sich dabei, „als bette er sein Haupt auf Gottes weichen Kissen."

Impuls Jeden Morgen will ich die Schale meines Lebens hinhalten. Sie ist offen, um aufzunehmen und zu tragen. Am Mittag ist sie oft schon leergeplündert. Am Abend will ich dankbar zurückgeben, was ich empfangen habe.

Aus Wasser wird Wein

Wort der Schrift Am. dritten Tag fand in Kana in Galiläa eine Hochzeit statt, und die Mutter Jesu war dabei. Auch Jesus und seine Jünger waren zur Hochzeit eingeladen. Als der Wein ausging, sagte die Mutter Jesu zu ihm: Sie haben keinen Wein mehr. Jesus erwiderte ihr: Was willst du von mir, Frau? Meine Stunde ist noch nicht gekommen. Seine Mutter sagte zu den Dienern: Was er euch sagt, das tut! Es standen dort sechs steinerne Wasserkrüge, wie es der Reinigungsvorschrift der Juden entsprach; jeder fasste ungefähr hundert Liter. Jesus sagte zu den Dienern: Füllt die Krüge mit Wasser! Und sie füllten sie bis zum Rand. Er sagte zu ihnen: Schöpft jetzt, und bringt es dem, der für das Festmahl verantwortlich ist. Sie brachten es ihm. Er kostete das Wasser, das zu Wein geworden war. Er wusste nicht, woher der Wein kam; die Diener aber, die das Wasser geschöpft hatten, wussten es. Da ließ er den Bräutigam rufen und sagte zu ihm: Jeder setzt zuerst den guten Wein vor und erst, wenn die Gäste zuviel getrunken haben, den weniger guten. Du jedoch hast den guten Wein bis jetzt zurückgehalten. So tat Jesus sein erstes Zeichen, in Kana in Galiläa, und offenbarte seine Herrlichkeit, und seine Jünger glaubten an ihn. (Joh 2,1-12)

Wort in den Tag Wasser wird zu Wein, der Mangel zur Fülle. Das Fest wird nicht unterbrochen. Sechs Krüge besten Weines offenbaren seine Herrlichkeit. Wenn Wasser zu Wein werden kann, werden die Kräfte einer verklärten Erde sichtbar. Die Wandlung der Welt in einen neuen Himmel und in eine neue Erde ist wie ein Hochzeitsfest. Wir alle sind geladen zum Hochzeitsmahl des Lammes.
In dieser Geschichte spielt jeder von uns mit. Denn wir alle kennen Hoch-Zeiten und Tief-Punkte. Und auch bei uns geht manchmal der Wein aus, der Wein der Freude, der Wein des Vertrauens und der Zuversicht. In solchen Situationen ist die Geschichte von der Hochzeit zu Kana eine bezaubernde Erzählung. Wenn unsere Krüge leer sind und wir in Durststrecken hineingeraten, dann sind die Wunder wichtig. Ohne Wunder geht das

Leben nicht, erst recht nicht das Leben zu zweit und zu dritt.
Der erste Schritt zum Wunder ist nicht der neue Wein, der die Krüge bis zum Rand füllt. Das Wunder war möglich, weil einer da war, der die Notsituation erkannte. Das Wunder bei der Hochzeit zu Kana begann nicht mit den gefüllten Krügen. Der erste Schritt zum Wunder war die Frau, die aufmerksam war. Noch keiner hatte auf dem Fest die Peinlichkeit bemerkt, auch die Brautleute waren ahnungslos. Da sah Maria, dass der Wein ausging. „Sie haben keinen Wein mehr!" Sie hatte den Blick für das Ganze. Mit dem Blick der liebenden Aufmerksamkeit beginnen die Wunder auch heute.
Maria identifiziert sich mit der Not der Brautleute. Sie mischt sein ein. Sie hält sich nicht raus. Sie weiß einen Weg. Sie geht zu Jesus. Sie muss eine Abweisung verkraften: Frau, was habe ich mit dir zu tun! Sie aber gibt nicht auf. Sie bleibt hartnäckig. Sie geht zu den Wasserträgern: „Was er euch sagt, das tut!" Vielleicht geschehen viele Wunder nicht, weil wir zu schnell aufgeben und bei der ersten Schwierigkeit resignieren. Vielleicht geschehen viele Wunder nicht, weil wir uns zu oft raushalten und nicht einmischen.
Die Wasserträger gehören auch dazu, damit Wunder passieren können. Sie sind ahnungslos. Sie tun ihren Dienst. Aber ohne sie wüssten die Hochzeitsgäste nicht, woher der gute Wein zum Schluss des Festes kam.

Impuls Der erste Schritt zum Wunder war die Aufmerksamkeit einer Frau. Aufmerksamkeit ist das Schlüsselwort, wenn die alten Wunder sich wieder ereignen sollen. Der nächste Schritt heißt dann „sich einmischen" und sich nicht raushalten.
Wunder gibt es immer wieder. Wenn wir Augen haben, die richtig hinsehen, und Ohren, die auch die leisen Zwischentöne vernehmen, ist heute ein Tag, der wunderbar wird.

Der köstliche Wein

Wort der Schrift Wie ein Lebenswasser ist der Wein für den Menschen, wenn er ihn mäßig trinkt. Was ist das für ein Leben, wenn man keinen Wein hat, der doch von Anfang an zur Freude geschaffen wurde? Frohsinn, Wonne und Lust bringt Wein, zur rechten Zeit und genügsam getrunken.
Kopfweh, Hohn und Schimpf bringt Wein, getrunken in Erregung und Zorn. Zu viel Wein ist eine Falle für den Toren, er schwächt die Kraft und schlägt viele Wunden.
Beim Weingelage nörgle nicht am Nachbarn herum, verspotte ihn nicht, wenn er heiter ist. Sag zu ihm kein schmähendes Wort, und streite mit ihm nicht vor den Leuten! (Sir 31,27-31)

Wort in den Tag Trinken ist nicht nur Durstlöschen. Wir alle kennen das sorgsame Verkosten von einem guten Glas Wein. Jeder Schluck bringt sein eigenes Vergnügen. Festlich reicht man dem Freund im Kristallglas den Wein, erhebt die Gläser und wünscht sich Gesundheit. Wir haben das alltägliche und doch so wichtige Tun, das wir Trinken nennen, kultiviert. Wir laden zu einer Tasse Kaffee ein, oder wir reichen den Tee in einer Schale. Ein Becher, ein Krug, das Kristallglas – wie kostbar sind die Gefäße, die den Trunk fassen!
Von allen Getränken ist der Wein das königliche Geschenk des Himmels. Funkelnd und feurig im Glas umfängt er die Mühsal des Winzers. Die Glut der Sonne und der Tau des Morgens bestimmen seine Reife. Der Wein ist die Seele festlicher Stunden. Er ist das Siegel der Freundschaft. Der Wein ist der Trost im Schmerz und die Apotheke des Kummers. Der Wein ist der Pulsschlag der Liebe.
Auch wenn heute oft aus Einsamkeit getrunken wird, ist Trinken ein Zeichen der Gemeinschaft. Beim Trinken werden Ehen und Freundschaften geschlossen. Beim Trinken wird das Du angeboten und die Bruderschaft besiegelt. Mancher Vertrag wurde in alter Zeit geschlossen, indem alle Anwesenden aus einem Becher tranken. Der kreisende Kelch verpflichtete alle zur Treue. Mancher Pakt und mancher Bund wurden so besiegelt.

Das Christentum ist eine Religion, die das Zeichen des gebrochenen Brotes und den Kelch des Bundes besonders hervorhebt. Auf dem Altar steht der Kelch, der Becher mit Wein. „Nehmt und trinkt alle daraus!" spricht der Priester bei der Eucharistiefeier die Wandlungsworte. „Dieser Kelch ist der neue Bund in meinem Blute, das für alle vergossen wird zur Vergebung der Sünden." Aus dem Abendmahlskelch trinken bedeutet dann eingehen in den Bund, den Gott mit uns geschlossen hat. Aus dem einen Kelch trinken heißt: Gemeinschaft finden durch die Liebe, die alle durchströmt. Am Kreuz flossen Blut und Wasser aus der geöffneten Herzwunde des Herrn. Das aufgebrochene Herz wird zur Quelle des Heils und zum Brunnen der Liebe. Wenn wir den Abendmahlskelch ergreifen, erfahren wir, dass Christus sich selbst für uns hingegeben hat.

Wir erheben den Kelch, feiern sein Gedächtnis und die Erinnerung an sein Erlösungsopfer. Wir trinken aus dem einen Becher und erleben, dass wir Brüder und Schwestern sind. Denn das Trinken beim Mahl stiftet und festigt Gemeinschaft. Wie die vielen Beeren aus den Trauben zum Wein im Kelch vereinigt sind, so verbindet uns Christi Liebe.

Was Menschen je gemeinsam essend und trinkend feierten: ein Hochzeitsmahl, ein Krönungsmahl, ein Totenmahl, ein Versöhnungsmahl oder ein Opfermahl – das alles ist in der Eucharistie enthalten. Im Trinken aus dem Kelch erfahren wir die Nähe Gottes und die Verbundenheit untereinander. Was wir feiern, wird dann zum Bild für die Zukunft. Denn was wir einst erwarten, ist ein Mahl im Himmel. Wir werden geladen zum himmlischen Gastmahl. Alle Völker und Generationen werden am Mahl des Lammes teilhaben, und keiner wird mehr hungern und dürsten. Das Wort Jesu an seine Jünger erfüllt sich: „Ihr sollt in meinem Reich mit mir an meinem Tisch essen und trinken" (Lk 22,30).

Impuls Die Einladung, ein gutes Glas Wein zu kosten, passt für einige nicht so recht in die Fastenzeit.

Die Tage zwischen Aschermittwoch und Ostern gelten als Fasttage. Die Sonntage aber sind vom Fasten ausgenommen, weil sie an die Auferstehung Christi erinnern. Jeder Sonntag ist ein kleines Osterfest. Aus diesem Grund hat man im Mittelalter vier Tage für die vier Fastensonntage hinzugefügt. Deshalb beginnt die Fastenzeit am Aschermittwoch, dem 44. Tag vor Ostern. Das ist auch der Grund, warum man in Basel die Fastnacht an einem späteren Termin feiert. Dort hat man die alte Zählung beibehalten und feiert den Morgenstreich genau vierzig Tage vor Ostern.

Wenn man am Sonntag in der österlichen Bußzeit ein Glas Wein zur Mahlzeit trinkt, bricht man nicht das Fasten. Nach dem alten Fastengebot der Kirche dürfen wir uns morgen am Sonntag an einem guten Gläschen Wein erfreuen. „Wie ein Lebenswasser ist der Wein für den Menschen, wenn er ihn mäßig trinkt. Was ist das für ein Leben, wenn man keinen Wein hat, der doch von Anfang an zur Freude geschaffen wurde?" (Sir 31,27)

Die Samariterin am Jakobsbrunnen
(Joh 4,1-30)

Jesus kam zu einem Ort in Samarien, der Sychar hieß und nahe bei dem Grundstück lag, das Jakob seinem Sohn Josef vermacht hatte. Dort befand sich der Jakobsbrunnen. Jesus war müde von der Reise und setzte sich daher an den Brunnen; es war um die sechste Stunde. Da kam eine samaritische Frau, um Wasser zu schöpfen. Jesus sagte zu ihr: Gib mir zu trinken! Seine Jünger waren nämlich in den Ort gegangen, um etwas zum Essen zu kaufen. Die samaritische Frau sagte zu ihm: Wie kannst du als Jude mich, eine Samariterin, um Wasser bitten? Die Juden verkehren nämlich nicht mit den Samaritern. Jesus antwortete ihr: Wenn du wüsstest, worin die Gabe Gottes besteht und wer es ist, der zu dir sagt: Gib mir zu trinken!, dann hättest du ihn gebeten, und er hätte dir lebendiges Wasser gegeben. Sie sagte zu ihm: Herr, du hast kein Schöpfgefäß, und der Brunnen ist tief; woher hast du also das lebendige Wasser? Bist du etwa größer als unser Vater Jakob, der uns den Brunnen gegeben und selbst daraus getrunken hat, wie seine Söhne und seine Herden?
Jesus antwortete ihr: Wer von diesem Wasser trinkt, wird wieder Durst bekommen;
wer aber von dem Wasser trinkt, das ich ihm geben werde, wird niemals mehr Durst haben; vielmehr wird das Wasser, das ich ihm gebe, in ihm zur sprudelnden Quelle werden, deren Wasser ewiges Leben schenkt. Da sagte die Frau zu ihm: Herr, gib mir dieses Wasser, damit ich keinen Durst mehr habe und nicht mehr hierher kommen muss, um Wasser zu schöpfen.
Er sagte zu ihr: Geh, ruf deinen Mann, und komm wieder her! Die Frau antwortete: Ich habe keinen Mann. Jesus sagte zu ihr: Du hast richtig gesagt: Ich habe keinen Mann. Denn fünf Männer hast du gehabt, und der, den du jetzt hast, ist nicht dein Mann. Damit hast du die Wahrheit gesagt.
Die Frau sagte zu ihm: Herr, ich sehe, dass du ein Prophet bist. Unsere Väter haben auf diesem Berg Gott angebetet; ihr aber sagt, in Jerusalem sei die Stätte, wo man anbeten muss. Jesus sprach zu ihr: Glaube mir, Frau, die Stunde kommt, zu der ihr

weder auf diesem Berg noch in Jerusalem den Vater anbeten werdet. Ihr betet an, was ihr nicht kennt, wir beten an, was wir kennen; denn das Heil kommt von den Juden. Aber die Stunde kommt, und sie ist schon da, zu der die wahren Beter den Vater anbeten werden im Geist und in der Wahrheit; denn so will der Vater angebetet werden. Gott ist Geist, und alle, die ihn anbeten, müssen im Geist und in der Wahrheit anbeten. Die Frau sagte zu ihm: Ich weiß, dass der Messias kommt, das ist: der Gesalbte (Christus). Wenn er kommt, wird er uns alles verkünden. Da sagte Jesus zu ihr: Ich bin es, ich, der mit dir spricht.

Inzwischen waren seine Jünger zurückgekommen. Sie wunderten sich, dass er mit einer Frau sprach, aber keiner sagte: Was willst du?, oder: Was redest du mit ihr? Da ließ die Frau ihren Wasserkrug stehen, eilte in den Ort und sagte zu den Leuten: Kommt her, seht, da ist ein Mann, der mir alles gesagt hat, was ich getan habe: Ist er vielleicht der Messias? Da liefen sie hinaus aus dem Ort und gingen zu Jesus.

Brunnen sind die Tagebücher Israels

Wort der Schrift Der Priester von Midian hatte sieben Töchter. Sie kamen zum Wasserschöpfen und wollten die Tröge füllen, um die Schafe und Ziegen ihres Vaters zu tränken. Doch die Hirten kamen und wollten sie verdrängen. Da stand Mose auf, kam ihnen zu Hilfe und tränkte ihre Schafe und Ziegen. Als sie zu ihrem Vater Reguël zurückkehrten, fragte er: Warum seid ihr heute so schnell wieder da? Sie erzählten: Ein Ägypter hat uns gegen die Hirten verteidigt; er hat uns sogar Wasser geschöpft und das Vieh getränkt. Da fragte Reguël seine Töchter: Wo ist er? Warum habt ihr ihn dort gelassen? Holt ihn, und ladet ihn zum Essen ein! Mose entschloss sich, bei dem Mann zu bleiben, und dieser gab seine Tochter Zippora Mose zur Frau. Als sie einen Sohn gebar, nannte er ihn Gerschom (Ödgast) und sagte: Gast bin ich in fremdem Land. (Ex 2,16-22)

Wort in den Tag In Mythen und Märchen sind Brunnen die Orte, an denen sich Geheimnisse erschließen. Märchen wie Frau Holle und der Froschkönig gehören zum Schatz der Überlieferung. Brunnen sind Orte von Tod und Leben, von Neubeginn und Verwandlung. Brunnen sind Tore zu einer anderen Wirklichkeit.

Auch in der Bibel sind die Brunnen Orte, wo Gott sich zeigt. Am Brunnen begegnen die Männer ihren zukünftigen Frauen. Am Brunnen findet Abrahams Großknecht für Isaak seine Frau Rebekka (Gen 24,12-27). Jakob begegnet Rahel (Gen 29,1-14) und Mose, der aus Ägypten geflohen ist, trifft Zippora am Brunnen (Ex 2,15-22). Nach alter Tradition, besonders in der Ostkirche, bringt der Erzengel Gabriel am Dorfbrunnen zu Nazareth der Jungfrau Maria die Botschaft von der Menschwerdung des Gottessohnes (Lk 1,26-28). Am Jakobsbrunnen von Sychar wird die wunderschöne Geschichte der Begegnung Jesu mit der Samariterin erzählt.

Die Bibel berichtet genau, wie die Völker ihre Brunnen hüteten, durch Ordnung und Brauch den Frieden an den Brunnen bewahrten. Im Buche Genesis heißt es: „Jakob machte sich auf

und zog weiter ins Land der Söhne des Ostens. Eines Tages sah er einen Brunnen auf freiem Feld. Dort lagerten drei Herden von Schafen und Ziegen; denn aus dem Brunnen tränkte man die Herden. Ein großer Stein lag über der Brunnenöffnung. Wenn sich dort alle Herden eingefunden hatten, schob man den Stein von der Brunnenöffnung und tränkte das Vieh. Dann schob man den Stein wieder zurück an seinen Platz über der Brunnenöffnung." (Gen 29,1-3)

Israel kennt sogar Brunnenlieder. Die Brunnen in der Wüste sind Grund zum Singen. Im Buche Numeri wird berichtet: „Von dort ging es weiter nach Beer (Brunnen); es ist der Brunnen, von dem der Herr zu Mose gesagt hat: Versammle das Volk, damit ich ihnen Wasser gebe. Damals sang Israel das folgende Lied: Steig auf, Brunnen! Singt über ihn ein Lied, über den Brunnen, den Heerführer gruben, den die Edlen des Volkes aushoben mit dem Zepter, mit ihren Stäben. Aus der Wüste zogen sie weiter nach Mattana." (Num 21,16f)

„Deine Brunnen sind deine Tagebücher, o Israel“, sagt Nelly Sachs in einem ihrer schönsten Gedichte. Sie verstärkt es, wenn sie fortfährt: „Deine Tagebücher sind in die leuchtenden Augen der Wüste geschrieben.“ In der hebräischen Sprache ist die Bezeichnung für Brunnen und Auge ein und dasselbe Wort.
„Viele Begegnungen sind euch aufbewahrt im fließenden Gebetsschrein der Brunnen“, sagt Nelly Sachs weiter.[11] Die Brunnen sind wie ein kostbarer Schrein. Sie sind jene Orte, an denen Jahwe sich als Lebensspender erweist. Wenn das Volk auf der langen Wüstenwanderung überlebt, ist Gott der einzige Grund, der die Quellen erschließt.
Auch Hagar, die Magd Sarahs, die vor der Härte ihrer Herrin in die Wüste flieht, erfährt die rettende Hand Gottes. Als das Wasser im Schlauch zu Ende geht, sind ihre Lebensreserven erschöpft. Die Schwangere erwartet für sich und für das Kind, das sie von Abraham empfangen hat, nur den Tod. Durch den Engel öffnet Gott ihr die Augen, und sie erblickt einen Brunnen. Den Ort nannte Hagar: „Brunnen des Lebendigen, der nach mir schaut“ (Gen 16,13f.).
Die Heilsgeschichte, die Liebesgeschichte Gottes mit uns Menschen, ist in die „leuchtenden Augen der Wüste geschrieben“. Die Brunnen sind die Tagebücher dieser Geschichte. In ihnen ist die Erinnerung des pilgernden Volkes Gottes bewahrt. Das Wesen und Geheimnis eines jeden Brunnens ist treffend mit dem Namen zum Ausdruck gebracht: „Ort des Lebendigen, der nach mir schaut.“

Impuls Ein Gedicht von Helga Rusche, das ich oft zitiere, ist wie ein Schlüssel zu meiner eigenen Befindlichkeit.

Mein Krug erschöpfte sich,
ich dürste sehr.
In meinem Land gibt es kein Wasser mehr.
Wie soll den Trank ich spenden,
den ich selbst entbehre,
wenn du nicht einströmst, Herr,
in meine Leere.

Unterirdische Wasseradern

Wort der Schrift Elija ging weg und tat, was der Herr befohlen hatte; er begab sich zum Bach Kerit östlich des Jordan und ließ sich dort nieder. Die Raben brachten ihm Brot und Fleisch am Morgen und ebenso Brot und Fleisch am Abend, und er trank aus dem Bach. Nach einiger Zeit aber vertrocknete der Bach; denn es fiel kein Regen im Land. (1 Kön 17,5-7)

Wort in den Tag Das ist eine besondere Begabung, wenn einer mit der Wünschelrute die unterirdischen Wasseradern entdecken kann. Wie viele Brunnen werden heute in trockenen Landstrichen so gegraben. Maria Oberhofer hat dieses Talent. Bevor sie die Wünschelrute zur Hand nimmt, konzentriert sie sich lange. Wenn die Wünschelrute ausschlägt, weiß sie, was über diesen Ort zu sagen ist, ob und wie viel Wasser sich dort befindet. Wie tief es liegt, um es mit einer Bohrung anzuzapfen. „Nicht dramatisieren", sagt Maria Oberhofer, „die Gabe ist so natürlich wie das Wasser." Sie lebt im wasserarmen Nordosten von Brasilien. An einem landwirtschaftlichen Institut gibt sie Kurse für Menschen, die ein Gespür für Wasser haben.

Was ein einziger Brunnen mit sauberem Wasser in Äthiopien bedeutet, schildert die Missionsschwester Hildegard. Vor elf Uhr morgens trifft die Ärztin keine Frauen in den Häusern an. „Die sind seit sechs Uhr unterwegs", erzählt sie. In den Trockenzeiten kommt es vor, dass man an den letzten verbliebenen Wasserstellen zwei Tage anstehen muss. Die mit Wasser gefüllten Tonkrüge, die die Frauen tragen, wiegen vierzig Kilogramm. Ein Bild, das JÖRG ZINK in der Wüste Juda gemacht hat, fasziniert mich immer wieder. Er berichtet, wie er eine Beduinenfamilie mit ihrer Ziegenherde durch die Wüste begleitete.

> *Am Abend sagte die junge Frau, sie müsse ihrer Herde Wasser geben. Sie lief durch das Tal, wo man nur Sand und Steine sah. Dann grub sie mit einer Blechbüchse ein Loch. Als sie dreißig Zentimeter gegraben hatte, lief das Wasser zusammen. Sie schöpfte und gab ihren Ziegen zu trinken. Wer das Geheimnis der Wüste nicht kennt, wäre an dieser Stelle verdurstet.*[12]

Man kann in der Wüste nur überleben, wenn man die Oasen kennt. Die erste Bedingung, um in Durststrecken zu überleben, heißt: Wasser. Wer nach langer Wüstenwanderung mit ausgetrockneter Kehle aus einem Brunnen Wasser schöpft, weiß, was Erfüllung aller Sehnsucht ist. Antoine de Saint-Exupery sagt: „Ich werde dich in der Wüste verdursten lassen, damit dich Brunnen entzücken."

Impuls Was hat mir geholfen, eine Durststrecke und eine Lebenskrise zu bestehen? Gab es Freunde und Begleiter, die wie Wünschelrutengeher waren und mir halfen, unterirdische Wasseradern in meinem Leben neu zu entdecken?
Gerade in Krisenzeiten, wenn aller Augenschein nur Dürre sieht, dann wünsche ich mir eine Wünschelrute. Ich habe eine Ahnung, dass es Wasser gibt, auch unter Wüstensand.
Ich wünsche mir diese Fähigkeit auch für andere. Ich wünsche mir eine Wünschelrute, mit der ich durch unsere Stadt ginge. – Quellen finden für den Durst nach Zärtlichkeit und etwas Wärme. Brunnen entdecken für die Sehnsucht nach Geborgenheit und Liebe. Ich wünsche mir eine Wünschelrute – vielleicht schlägt sie doch aus?
Und diese Anregung für die Fastenzeit füge ich hinzu: Es gibt Missionsgesellschaften, die Spenden für Brunnenprojekte in den ärmsten Ländern dieser Erde sammeln.

Brunnen sind das Auge Gottes

Wort der Schrift Die ganze Gemeinde der Israeliten zog von der Wüste Sinai weiter, von einem Rastplatz zum andern, wie es der Herr jeweils bestimmte. In Refidim schlugen sie ihr Lager auf. Weil das Volk kein Wasser zu trinken hatte, geriet es mit Mose in Streit und sagte: Gebt uns Wasser zu trinken! Mose aber antwortete: Was streitet ihr mit mir? Warum stellt ihr den Herrn auf die Probe?
Das Volk dürstete dort nach Wasser und murrte gegen Mose. Sie sagten: Warum hast du uns überhaupt aus Ägypten hierher geführt? Um uns, unsere Söhne und unser Vieh verdursten zu lassen? Mose schrie zum Herrn: Was soll ich mit diesem Volk anfangen? Es fehlt nur wenig, und sie steinigen mich. Der Herr antwortete Mose: Geh am Volk vorbei, und nimm einige von den Ältesten Israels mit; nimm auch den Stab in die Hand, mit dem du auf den Nil geschlagen hast, und geh! Dort drüben auf dem Felsen am Horeb werde ich vor dir stehen. Dann schlag an den Felsen! Es wird Wasser herauskommen, und das Volk kann trinken. Das tat Mose vor den Augen der Ältesten Israels.
Den Ort nannte er Massa und Meriba (Probe und Streit), weil die Israeliten Streit begonnen und den Herrn auf die Probe gestellt hatten, indem sie sagten: Ist der Herr in unserer Mitte oder nicht? (Ex 17,1-7)

Wort in den Tag Das Volk Israel hat in einem langen Lernprozess von vierzig Jahren Wüstenwanderung erfahren, dass Gott allein die Quelle ist, die seinem Leben Zukunft schenkt. Am Anfang stand damals das Murren. Der Ort des Widerstandes hat sogar einen Namen: Massa und Meriba. Sie sehnten sich zurück nach den Fleischtöpfen Ägyptens. „Warum habt ihr uns überhaupt aus Ägypten herausgeführt? Um uns hier verdursten zu lassen?“ (Ex 17,7) Mit dem Stab, mit dem Mose auf den Nil geschlagen hatte, schlug er an den Felsen. Und es kam Wasser heraus. Der Stab erinnerte sie an die große Befreiungstat Gottes. Er hatte sie mit starkem Arm aus dem Sklavenhaus geführt. Das hatten sie schon vergessen. Wie schnell wird der Mensch bei

Schwierigkeiten missmutig und vergesslich? Wasser aus dem Felsen mitten in der Wüste – und alle begreifen: Gott ist der Grund zum Leben. In den Durststrecken, wenn nur noch das Murren übrig bleibt, eröffnet Gott die neuen Wege. Jahwe ist der einzige und alleinige Lebensspender, der Lebensgrund, um auf dem Weg durch die Wüste zu bestehen. Wir brauchen uns nur seiner Führung anzuvertrauen, dann legt er die Quellen frei, dann strömt Wasser aus den Felsen mitten im trockenen Tal. Tief hat sich diese Erfahrung in das Herz des Volkes eingraviert. Im Psalm 87 heißt es: „Mädchen singen beim Reigentanz: All meine Quellen entspringen in dir, mein Gott."

Für Israel sind die Quellen und Brunnen ein Grund zum Singen, weil sie Gabe Gottes sind. Durch die Brunnen hindurch schaut Gott nach seinem Volk, sagt Israel. Der Brunnen ist das Auge Gottes. Die Quellen und Brunnen, die Gott schenkt, sind Ausdruck des Glaubens und der Zuversicht.

Der Weg der Heilsgeschichte mit seinen Wüstenerfahrungen und Durststrecken findet seine Antwort im Johannesevangelium, Kapitel sieben. Da steht am Laubhüttenfest Jesus in der Mitte des Tempelplatzes und ruft: „Wer Durst hat, komme zu mir, und es trinke, wer an mich glaubt." Die Riten des Laubhüttenfestes begannen mit der feierlichen Zeremonie des Wasserschöpfens. In festlicher Prozession zogen die Priester vom Tempelplatz hinab zum Schiloahteich und schöpften im goldenen Krug frisches Quellwasser. Auf dem Rückweg wurde der Zug beim so genannten Wassertor mit drei Posaunenstößen freudig empfangen, und man bezog sich auf das Jesajawort: „Ihr werdet in Freude Wasser schöpfen aus den Quellen des Heiles." Am Brandopferaltar wurde das Wasser in die Schalen des Altares gegossen. Da steht Jesus mitten unter dem Volk und ruft: „Wer Durst hat, komme zu mir, und es trinke, wer an mich glaubt!" Zum ersten Mal offenbart er sein Geheimnis am Fest der Wasserspende. Die lange heilsgeschichtliche Erfahrung des Volkes findet ihr Ziel: „Christus ist die Quelle des Lebens."

Impuls „Alle meine Quellen entspringen in dir, mein Gott", sagt der Psalm 87. Das ist die tiefste Erfahrung des Volkes aus der Wüstenwanderung, die auch wir uns zu eigen machen sollten.

Zisternen mit Rissen

Wort der Schrift Hat je ein Volk seine Götter gewechselt? Dabei sind es gar keine Götter. Mein Volk aber hat seinen Ruhm gegen unnütze Götzen vertauscht. Entsetzt euch darüber, ihr Himmel, erschaudert gewaltig – Spruch des Herrn. Denn mein Volk hat doppeltes Unrecht verübt: Mich hat es verlassen, den Quell des lebendigen Wassers, um sich Zisternen zu graben, Zisternen mit Rissen, die das Wasser nicht halten.
Was nützt es dir jetzt, nach Ägypten zu laufen, um Nilwasser zu trinken, oder nach Assur zu laufen, um Eufratwasser zu trinken? Dein böses Tun straft dich, deine Abtrünnigkeit klagt dich an. Selbst wenn du dich mit Lauge waschen und noch soviel Seife verwenden wolltest, deine Schuld bliebe doch ein Schmutzfleck vor meinen Augen – Spruch Gottes, des Herrn. (Jer 2,11-21)

Wort in den Tag Als Israel sesshaft wurde, hat sich das Volk selber seine Zisternen gegraben. Sie vertrauten auf ihre eigenen Möglichkeiten. Sie bauten Zisternen und fingen das Regenwasser auf. Sie vergaßen die Quellen und Brunnen auf der Wüstenwanderung, die Erweis und Zeichen des Erbarmens und der Treue Gottes waren. Die Zisternen werden zum Gerichtsbild. Der Prophet Jeremia klagt: „Ein doppeltes Unrecht hat Israel begangen, mich hat es verlassen, den Quell lebendigen Wassers, um sich Zisternen zu graben, Zisternen mit Rissen, die das Wasser nicht halten." (vgl. Jer 2, 13) Israel lief den Baalen und Götzen nach. Ihre Abtrünnigkeit klagt der Prophet an. „Hat je ein Volk seine Götter gewechselt?" Doch Israel macht den unbequemen Mahner mundtot. „Man warf ihn in eine Zisterne", heißt es in Kapitel 38 seines Buches. Der Prophet Jeremia versank im Schlamm, der den Boden der Zisterne ausfüllte. In seiner Verzweiflung erfuhr er selbst die trostlose Gottesferne.
Die Zisterne mit Rissen, die das Wasser nicht hält, wird zum Gerichtsbild für alle, die Gott verlassen und nur auf ihre eigenen Möglichkeiten vertrauen. Wo aber die kleinen Herrgötter anfangen zu herrschen, stoßen sie bald an ihre Grenzen, denn sie haben kein göttliches Format. Der „Homo Faber" setzt auf seine

eigenen Leistungen. Der „Macher“ versucht in eigener Regie die Probleme zu lösen. „Was brauchen wir Gott? Lass uns nur machen, und komm uns nicht dazwischen!“ Bleibt nur die Angst, dass das Schicksal einen Strich durch die Rechnung macht. Denn viele Errungenschaften des Zauberlehrlings sind wie Zisternen mit Rissen. Zu viele Entwicklungen führen in die Sackgasse. Bei der Atomforschung haben wir es erlebt. Bei der Gentechnik befürchten es viele.
Wo der Mensch sich seine eigenen Brunnen gräbt und auf seine selbstgebauten Zisternen vertraut, wird er auf Dauer seinen Durst nicht stillen können. Und die ungelösten Probleme? Wir werden vom Leistungsdruck beherrscht. Diese Droge nehmen wir in uns auf mit der Luft, die wir atmen. Wir alle haben die Parole verinnerlicht: „Ich bin, was ich leiste.“ Auf alle mögliche Weise wird uns Tag für Tag eingeimpft: „Glaub bloß nicht, dir wird etwas geschenkt. Nur was du leistest, bestimmt deinen Erfolg.“ Nur der „Alles-selbst-Macher“ und „Alles-richtig-Macher“ kommt zu Ruhm und Ehren.
„Was machst du?“ In dieser Frage ist das moderne Selbstbewusstsein des Menschen auf eine kurze Formel gebracht. Ob wir uns dabei nicht überfordern? Der Apostel Paulus setzt die Frage dagegen: „Was hast du, das du nicht empfangen hättest? Wenn du es aber empfangen hast, warum rühmst du dich, als hättest du es nicht empfangen?“ (1 Kor 4,7)
Ist Leben Leistung? Oder ist es Gnade? Ob heute nicht wieder ein Herrschaftswechsel angesagt wäre? Von der Leistung zur Gnade, von der Erfolgsstatistik zum Geheimnis der leeren Hände?

Impuls Die Verse von Tagore stellen mir mehr Fragen, als ich an einem Tag lösen kann. Sie verdeutlichen, wie schnell unsere Möglichkeiten an Grenzen stoßen. Die wirklichen Wunder des Lebens sind ganz einfach:

Nein, du bist es nicht, der die Knospen zu Blüten öffnet.
Schüttle die Knospen, stoße sie;
es übersteigt deine Macht, sie blühen zu lassen.
Deine Berührung befleckt sie, du zerpflückst ihre
Blütenblätter und streust die Stücke in den Staub.
Aber Farbe erscheint nicht und nicht der Duft.
Oh! Nicht du vermagst die Knospe zur Blüte zu öffnen.

Er, der die Knospe zu öffnen versteht, tut es so einfach.
Er schaut sie an,
und der Lebenssaft strömt durch ihre Adern.
Auf seinen Atem hin entfalten die Blumen ihre
Schwingen und flattern im Wind.
Farbe sprüht heraus wie Herzenssehnsüchte,
Der Duft verrät ein süßes Geheimnis.
Er, der die Knospen zu öffnen versteht,
tut es so einfach.[13]

Die Samariterin am Brunnen

Wort der Schrift Jesus sagte zur Samariterin: Wenn du wüsstest, worin die Gabe Gottes besteht und wer es ist, der zu dir sagt: Gib mir zu trinken!, dann hättest du ihn gebeten, und er hätte dir lebendiges Wasser gegeben. Sie sagte zu ihm: Herr, du hast kein Schöpfgefäß, und der Brunnen ist tief; woher hast du also das lebendige Wasser? Bist du etwa größer als unser Vater Jakob, der uns den Brunnen gegeben und selbst daraus getrunken hat, wie seine Söhne und seine Herden?
Jesus antwortete ihr: Wer von diesem Wasser trinkt, wird wieder Durst bekommen; wer aber von dem Wasser trinkt, das ich ihm geben werde, wird niemals mehr Durst haben; vielmehr wird das Wasser, das ich ihm gebe, in ihm zur sprudelnden Quelle werden, deren Wasser ewiges Leben schenkt. Da sagte die Frau zu ihm: Herr, gib mir dieses Wasser, damit ich keinen Durst mehr habe.(Joh 4,10-15)

Wort in den Tag Die Szene ist pikant. Jesus ruht nach langem Fußmarsch am Jakobsbrunnen aus. Da kommt eine Frau zum Wasserschöpfen. Jesus bricht alle Tabus. Ein Mann darf eine Frau nicht ansprechen. Und diese Frau gehört zu der verachteten Minderheit der Samariter. „Gib mir zu trinken!" Die Frau ist verwundert: „Wie kannst du mich nur ansprechen und auch noch um Wasser bitten?"
Jesus nimmt sie beim Wort. „Wenn du über die wirklich wichtigen Dinge reden willst, dann reden wir nicht über meinen Durst nach Wasser, sondern über deinen Durst nach Leben."
Im Brunnengespräch offenbart Jesus, dass er die Quelle lebendigen Wassers ist, die allein Erfüllung schenkt. Er selbst ist der Spender des Lebens, der all unseren Durst endgültig stillen kann. „Wer von diesem Wasser trinkt, wird wieder Durst bekommen. Wer aber von dem Wasser trinkt, das ich ihm geben werde, wird niemals mehr Durst haben." Das Wasser wird zur sprudelnden Quelle, die hinüberströmt ins ewige Leben.
Aber immer noch ist die Samariterin beschäftigt mit dem Schöpfgefäß und dem tiefen Brunnen und dem Wasser, das den

leiblichen Durst stillt. Wieder nimmt das Gespräch eine überraschende Wendung. Eben war noch vom Brunnen und vom Wasser die Rede, da geht es auf einmal um die Privatangelegenheit der Frau. „Hol deinen Mann!" „Ich habe keinen Mann." Jesus berührt die Herzenswunde dieser Frau. Fünf Männer hatte sie gehabt. Voller Leidenschaft und Durst nach Angenommensein und Liebe ist sie. Kein Mann aber konnte ihre Sehnsucht stillen.

Jesus sieht das Chaos im Leben dieser Frau. Aber sie ist wahrhaftig. Mit dem Mann, mit dem sie jetzt lebt, ist sie nicht verheiratet. Jesus macht ihr keine moralischen Vorwürfe. Es geht um die tiefste Wahrheit ihres Lebens. Die Samariterin begreift, dass Jesus sie besser versteht, als sie sich selbst kennt. Und weil sie sich von ihm erkannt sieht, erkennt sie auch das Geheimnis des Messias. Die Samariterin hat die Quelle des lebendigen Wassers entdeckt: „Herr, gib mir dieses Wasser, damit ich keinen Durst mehr habe."

Impuls Der Weg zu Christus ist der Weg zur Wahrheit und zur Selbsterkenntnis. Aber ich muss tief hinab in mein Inneres, um am Grund des Brunnens mein eigenes Spiegelbild zu erkennen. Erst wenn ich tief genug in mir einkehre, wenn ich ohne Angst mein Spiegelbild betrachte, finde ich mich selbst. Hier berührt mein Gesicht die Ikone Christi. Aus dem Geheimnis der Begegnung mit Christus entspringt das Wasser, das meinen Durst stillt.

SIEGER KÖDER hat in seinem Bild „Die Frau am Jakobsbrunnen" diese Begegnung dargestellt. Die Frau neigt sich über den Brunnenrand und schaut auf den Grund, wo das Wasser ihr Bild spiegelt. Sie sieht noch ein zweites Gesicht, durch eine Lichtschranke getrennt von ihr, aber ganz ihr zugewandt. Selbstfindung im Spiegelbild durch die Begegnung mit Jesus in der Tiefe unserer Seele. Alle falschen Selbstbilder und alle Masken sind verschwunden. Denn die Wahrheit macht uns frei.

Ein lebensspendender Spiegel kann ich mir nicht selbst sein. Die ersehnten Augen, die mich erkennen, sind die Augen Christi. Er ist die „kristallklare Quelle", die im Inneren eines jeden Menschen entspringt.

Der große Mystiker des Mittelalters, JOHANNES VOM KREUZ, sagt das so:

„O kristallklare Quelle,
wenn du in deinem silbrigen Mienenspiel
doch plötzlich gestalten wollest
die ersehnten Augen,
die ich in meinem Inneren eingezeichnet trage!"[14]

Tief in dir strömt das Wasser des Lebens

Wort der Schrift Und er zeigte mir einen Strom, das Wasser des Lebens, klar wie Kristall; er geht vom Thron Gottes und des Lammes aus. Zwischen der Straße der Stadt und dem Strom, hüben und drüben, stehen Bäume des Lebens. Zwölfmal tragen sie Früchte, jeden Monat einmal; und die Blätter der Bäume dienen zur Heilung der Völker. (Offb 22,1-2)

Wort in den Tag Als Kind hatten alte Brunnen eine besondere Anziehungskraft auf mich. Ich warf in viele Brunnen ein Steinchen hinein und wartete gespannt, bis man ein Wassergeräusch hörte. Ich rief mein „Hallo" hinein und lauschte, bis das Echo zurückkam. Bei Burgführungen hörte ich aufmerksam zu, wenn die Rede auf den alten Brunnen in der Mitte des Burghofes kam. Bei Belagerungen war er die einzige Wasserquelle. Manche Brunnen waren bis 100 Meter tief. Und ich stellte mir vor, welche Mühe die gefährliche Arbeit des Brunnengrabens im Mittelalter gemacht hatte.

Diese alten Brunnen sind ein Bild für die Quellen unseres geistlichen Lebens. In der Brunnentiefe beginnt die Landschaft Gottes zu blühen, sagt Nelly Sachs. Ich muss tief in mein Innerstes hinabsteigen, dann berühre ich die Quelle, die nie versiegt. Dies aber ist mühsam und weckt die Ängste in uns. Meistens sind wir oberflächlich und nach außen gelenkt. Wer steigt schon gern in seine eigenen Abgründe hinab?

Hubertus Halbfass erzählt in einer Geschichte „Der Sprung in den Brunnen", wie vier Brüder versuchen, immer tiefer in den Brunnen hinabzukommen. Ein Schüler fragt dann den Lehrer: „Wo gibt es den Brunnen, in den ich springen könnte?" Der Lehrer antwortet: „Der Brunnen ist in dir, er ist deine eigene Tiefe. Suchst du ihn bei dir, schaust du über den Brunnenrand." „Aber warum dann Angst haben? Was in mir ist, muss ich doch nicht fürchten?", fragte der Schüler weiter. „Nichts ist dem Menschen unbekannter als die eigene Seele", sagte der Lehrer. „Der Abstieg zum unbekannten Seelengrund ist ein Wagnis. Vor der Tiefe in uns selbst sind die meisten hilflos. Aber der Brunnen in uns ist nie verschüttet."[15]

Für den Weg nach innen gibt es viele Namen: Innerlichkeit und Besinnung, Meditation, Umkehr und Buße. Auch für den Weg nach außen gibt es viele Beschreibungen: handeln und wandeln, leisten und Erfolg haben. Der Weg nach außen wird ohne den Weg nach innen zur Flucht und zum blinden Aktionismus. Wir müssen unsere Seele nachholen, sonst funktionieren wir schließlich seelenlos. Der Weg nach innen ist allerdings der weiteste.

In der Brunnentiefe beginnt auch die Landschaft Gottes zu blühen. Tief in uns berühren wir die Herrlichkeit Gottes. Für die heilige Theresia von Avila ist das Leben nur wie eine Nacht, die wir in einem schlechten Wirtshaus verbracht haben. Und alle menschlichen Luftschlösser sind nichts anderes als Spelunken. Aus unserem Inneren haben wir oft Rumpelkammern gemacht. Die menschliche Seele aber ist für die heilige Theresia wie eine Burg. Und unser Innerstes, der Mittelpunkt unseres Wesens, ist das Prunkgemach. Hier wohnt Gott. Ganz innen wohnt die Liebe.

Theresia von Avila hat diese Wahrheit in Versen besungen:

In meines Herzens Tiefe
trage ich dein Porträt so echt gemalt;
sähst du, wie es vor Leben strahlt,
verstummte jede bange Frage.
Und wenn dein Sehnen mich nicht findet,
dann such nicht dort und such nicht hier;
gedenk, was dich im tiefsten bindet,
und, Seele, suche Mich in dir.[16]

Impuls In Exerzitienkursen habe ich mit den Teilnehmern gern über das folgende Brunnengleichnis nachgedacht. Auch geistliches Leben kann austrocknen. Ich brauche eine tägliche Praxis. Ich muss mit meinem Lebenskrug beharrlich und treu Wasser schöpfen, sonst helfen mir die besten Absichtserklärungen nichts. Es ist auch sinnvoll, sich um versiegte Quellen neu zu kümmern.

In der Mitte eines großen Bauernhofes war ein tiefer Brunnen, aus dem Generationen frisches, wohlschmeckendes Wasser geschöpft hatten. Als die neue Zeit anbrach, deckte der junge Bauer den alten Ziehbrunnen zu und schaffte eine elektrische Pumpe an. Nach vielen Jahren, als der Mann alt war, erinnerte er sich an das frische Wasser, das sie aus dem alten Brunnen geschöpft hatten. Er ließ ihn wieder aufdecken und war überrascht, dass dieser ganz trocken war. Er verstand das nicht. Jahrhunderte lang hatten seine Vorfahren daraus gelebt. Ein Geologe erklärte es ihm später. Jeder Brunnen speist sich aus vielen Wasseräderchen. Wenn man nicht ständig Wasser schöpft, verschließen sich die Zuflüsse, und die Wasseradern „versanden".

Der Tempel ist Quellort der Wasserströme
(Ez 47,1-12)

Dann führte er mich zum Eingang des Tempels zurück, und ich sah, wie unter der Tempelschwelle Wasser hervorströmte und nach Osten floss; denn die vordere Seite des Tempels schaute nach Osten. Das Wasser floss unterhalb der rechten Seite des Tempels herab, südlich vom Altar. Dann führte er mich durch das Nordtor hinaus und ließ mich außen herum zum äußeren Osttor gehen. Und ich sah das Wasser an der Südseite hervorrieseln.
Der Mann ging nach Osten hinaus, mit der Messschnur in der Hand, maß tausend Ellen ab und ließ mich durch das Wasser gehen; das Wasser reichte mir bis an die Knöchel. Dann maß er wieder tausend Ellen ab und ließ mich durch das Wasser gehen; das Wasser reichte mir bis zu den Knien. Darauf maß er wieder tausend Ellen ab und ließ mich hindurchgehen; das Wasser ging mir bis an die Hüften. Und er maß noch einmal tausend Ellen ab. Da war es ein Fluss, den ich nicht mehr durchschreiten konnte; denn das Wasser war tief, ein Wasser, durch das man schwimmen musste, ein Fluss, den man nicht mehr durchschreiten konnte.
Dann fragte er mich: Hast du es gesehen, Menschensohn? Darauf führte er mich zurück, am Ufer des Flusses entlang. Als ich zurückging, sah ich an beiden Ufern des Flusses sehr viele Bäume. Er sagte zu mir: Dieses Wasser fließt in den östlichen Bezirk, es strömt in die Araba hinab und läuft in das Meer, in das Meer mit dem salzigen Wasser. So wird das salzige Wasser gesund. Wohin der Fluss gelangt, da werden alle Lebewesen, alles, was sich regt, leben können, und sehr viele Fische wird es geben. Weil dieses Wasser dort hinkommt, werden (die Fluten) gesund; wohin der Fluss kommt, dort bleibt alles am Leben.
Von En-Gedi bis En-Eglajim werden Fischer am Ufer des Meeres stehen und ihre Netze zum Trocknen ausbreiten. Alle Arten von Fischen wird es geben, so zahlreich wie die Fische im großen Meer. Die Lachen und Tümpel aber sollen nicht gesund werden; sie sind für die Salzgewinnung bestimmt.
An beiden Ufern des Flusses wachsen alle Arten von Obstbäu-

men. Ihr Laub wird nicht welken, und sie werden nie ohne Frucht sein. Jeden Monat tragen sie frische Früchte; denn das Wasser des Flusses kommt aus dem Heiligtum. Die Früchte werden als Speise und die Blätter als Heilmittel dienen.

Mystik – im Strom des Verliebtseins

Wort der Schrift Ein verschlossener Garten ist meine Schwester Braut, ein verschlossener Garten, ein versiegelter Quell. Ein Lustgarten sprosst aus dir, Granatbäume mit köstlichen Früchten, Hennadolden, Nardenblüten, Narde, Krokus, Gewürzrohr und Zimt, alle Weihrauchbäume, Myrrhe und Aloe, allerbester Balsam. Die Quelle des Gartens bist du, ein Brunnen lebendigen Wassers, Wasser vom Libanon. (Hld 4,12-15)

Wort in den Tag In der Tradition der Religionen gibt es ein Phänomen, das sich immer wieder jeglicher Beschreibung und auch den Versuchen einer Definition entzieht: die Mystik. In allen Religionen gibt es Erfahrungen von Menschen, die sich nicht mit den alltäglichen Erfahrungen decken. Es ist die Erfahrung oder das Gefühl oder das unvermittelte Wissen und Gespür, dass alles in der Welt irgendwie zusammenhängt, dass alles im Ursprung eins ist.

In der christlichen Mystik ist dieses Wissen und Gespür noch einmal verdichtet in der Erfahrung des persönlichen Gottes und des Einsseins mit ihm. Wenn man das Phänomen Mystik umschreiben will, dann kann man es wahrscheinlich am besten vergleichen mit der Erfahrung von Verliebtheit. Mit einem Male wird die eigene Welt durchbrochen. Ein anderer Mensch tritt in den Mittelpunkt, der fasziniert und mit dem ich zusammen sein möchte, eins werden möchte. Wenn Verliebtheit oftmals auch nur eine Momenterscheinung ist und die Ernüchterung sehr schnell folgt, so kann sie doch ein Leben von Grund auf verändern. Sie drängt danach, wieder erfahren zu werden oder aber in Liebe umgesetzt zu werden. Ähnlich ist es mit der Mystik. Und so nimmt es nicht wunder, dass immer wieder mystische Erfahrungen mit der Liebessprache beschrieben werden. Diese Sprache definiert nicht, sie umschreibt, beschreibt, dichtet und benutzt viele Bilder. Sie ist oftmals eine sehr sinnliche Sprache, in welcher die Dimensionen von Riechen, Hören, Sehen, Schmecken und Fühlen eine sehr wichtige Rolle spielen. Mystische Erfahrung sprengt den Raum herkömmlicher Erfahrung.

Mystische Erfahrung im christlichen Bereich ist das sinnliche Wahrnehmen Gottes, das sich auf alle Dimensionen menschlichen Lebens und Erlebens erstreckt und Auswirkungen hat. Doch wie schwer ist es oftmals, eine Verliebtheit anderen zu erklären. Wie buchstäblich verrückt klingt es oft. Diese Erfahrungen machen auch viele der Mystiker und Mystikerinnen. Der folgende Text von Hadewijch macht das deutlich:

> *„Gott verschlinge dich in sich, wo die Tiefe seiner Weisheit ist. Dort wird er dich lehren, was er ist und wie wunderbar süß ein Lieb im andern wohnt und gänzlich das andere durchdringt, so dass sich keines vom andern unterscheidet. Sie verkosten einander Mund an Mund, Herz an Herz, Leib an Leib und Seele in Seele, indem eine göttliche Natur beide durchströmt und sie beide eins in sich selbst sind. Und eins werden sie bleiben, ja bleiben."*[17]

Auch das Wasser in seinen unterschiedlichsten Komponenten ist immer wieder ein Symbol, mit denen die Mystiker der christlichen Tradition versucht haben, ihre Erfahrungen zu umschreiben und vor allem für andere nachvollziehbar oder auch wertvoll zu machen.
Im Zusammenhang mit Wasser finden wir dann z. B. das Bild des Brunnens, die Quelle, das Meer in seiner Weite und Tiefe oder mit seinen bedrohlichen Wellen, die Tränen als Ausdruck von Unfassbarkeit, den stillen und ruhenden See, das lebendige Wasser, das allein den Durst des Lebens zu stillen vermag.
In dieser Woche soll es ein wenig darum gehen, diesen mystischen Erfahrungen auf die Spur zu kommen und mit Hilfe der Umschreibungen der Mystiker im eigenen Leben die Quellen neu zu entdecken, wieder zu entdecken oder zu verstärken.

Impuls Am heutigen Tag können vielleicht zwei schlichte Frage stehen und mich ein wenig durch den Tag begleiten: Wo habe ich Verliebtheit in meinem Leben verspürt, und wie hat sie mich verändert? Mit welchen Worten umschreibe ich diese Erfahrungen?

Sechs Krüge zur Reinigung – Bernhard von Clairvaux (1090–1153)

Wort der Schrift Es standen dort sechs steinerne Wasserkrüge, wie es der Reinigungsvorschrift der Juden entsprach; jeder fasste ungefähr hundert Liter. Jesus sagte zu den Dienern: Füllt die Krüge mit Wasser! Und sie füllten sie bis zum Rand. Er sagte zu ihnen: Schöpft jetzt, und bringt es dem, der für das Festmahl verantwortlich ist. Sie brachten es ihm. Er kostete das Wasser, das zu Wein geworden war. (Joh 2,6-9)

Wort in den Tag Die Mystik des großen Reformers der Zisterzienser, Bernhards von Clairvaux, kann man mit Fug und Recht als Liebesmystik beschreiben. In allem kann der Mensch Gottes Liebe erfahren und spüren. Und er muss mit Liebe auf diese göttliche Liebe antworten. Die maßlose und grenzenlose Liebe Gottes zum Menschen soll dem Menschen Ansporn sein, die Ichbezogenheit zu überwinden und sowohl den anderen neben ihm als auch Gott um seiner selbst willen zu lieben. Das ist ein lebenslanger Prozess. Über die Nächstenliebe kommt der Mensch zur Erfahrung Gottes und seiner Liebe in den Wohltaten des Lebens, was ihn wiederum zu der Erfahrung der Süße und Gottes selbst führt. Wer wahrhaftig Gott liebt, so Bernhard, der liebt alles, was Gottes ist: die Schöpfung, die Menschen und sich selbst.

Allerdings ist immer wieder etwas vonnöten, um diese Erfahrungen machen zu können: nämlich die Reinigung. So schreibt Bernhard über den Prozess der Reinigung und des Sich-Ausrichtens auf Gott:

„Ich für meine Person glaube, dass die sechs Krüge die sechs Vorschriften sind, die die heiligen Väter aufgestellt haben, um die Herzen der Bekennenden zu reinigen. […] Der Herr befiehlt uns also, mit diesem Wasser die Krüge zu füllen. Manchmal sind sie nämlich leer oder voll Luft, wenn jemand so ohne Vernunft ist, dass in ihm durch sein törichtes Streben jene oben erwähnten Vorschriften ohne dauernden Lohn bleiben. Von dieser Art sind die törichten Jungfrauen, in deren Lampen

kein Öl ist. Bisweilen aber sind sie – und das ist noch schlimmer – zwar voll, aber voll Gift, nämlich voll Neid, Murren, Groll im Herzen und Verleumdung. Damit also diese Laster nicht etwa eindringen, wenn der Wein fehlt, wird uns befohlen, die Krüge mit Wasser zu füllen, damit die Gebote des Herrn in Furcht beachtet werden. Dieses Wasser wird in Wein verwandelt, wenn die Furcht von der Liebe verdrängt wird, wenn alles erfüllt wird vom Feuer des Geistes und freudiger Gottergebenheit.“[18]

Wasser hat reinigende Kraft. Auch für den mystischen Prozess und für die Erfahrung Gottes ist ein Reinigungsprozess notwendig. Und nicht umsonst begegnet uns das Symbol der Reinigung im Zusammenhang mit dem Wasser auch in der Taufe. Für Bernhard ist es wichtig zu betonen, dass immer wieder, gerade auch nach der Taufe, für den Menschen Reinigung, d.h. Befreiung von den eigenen Lastern und Lasten, von den Gedanken und Dämonen vielfältiger Art und der Hinwendung zu sich selbst, zum Nächsten und zu Gott möglich ist. Gottes Liebe zum Menschen ist eben maßlos. Und so stellt er sechs Krüge bereit. Dann wird das Wasser darin zum Wein, zur Erkenntnis und zur süßen, schmeckenden, sinnlichen Erfahrung Gottes. Selbst die Liebe, die gelebte Liebe, hat für Bernhard eine reinigende Funktion. Und wie wahr ist das: wenn ich Liebe verschenke und lebe, dann können Fehler, dann können Schwächen und Lasten auf einmal in einem ganz anderen Licht erscheinen. Sie verlieren ihre Härte, ihre Unbarmherzigkeit und Schonungslosigkeit. Bernhard von Clairvaux war ein großer Mystiker, der sich in vielen Predigten über die Erfahrung Gottes selbst mit seinen Erfahrungen und auch Sehnsüchten zum Ausdruck gebracht hat. Er wusste um das Schwache, bei aller Liebe Gottes, das im Einzelnen, in ihm selbst ein Leben lang bleiben wird – und das der Reinigung, der Vergebung und der Geduld bedarf. Menschliches Leben und mystische Erfahrung bedeuten zwar, einmalige Erfahrungen zu machen, doch den Augenblick kann man nicht festhalten. Der graue Alltag kommt wieder. Und da tut es Not, um die Krüge der Vergebung (gerade auch der eigenen) und um die Krüge zu wissen, aus denen ich Kraft und Energie schöpfen kann.

Impuls Ich nehme mir ein wenig Zeit, male sechs Krüge auf ein Blatt Papier und schreibe in diese Krüge hinein, was oder auch wer mir im Alltag hilft, mit meinen Päckchen und meinen immer wieder zu reinigenden Flecken umgehen zu lernen.

Schwester Wasser – Franz von Assisi (1182–1226)

Wort der Schrift Da sangen die drei im Ofen wie aus einem Mund, sie rühmten und priesen Gott mit den Worten: Gepriesen bist du, Herr, du Gott unserer Väter, gelobt und gerühmt in Ewigkeit. Preist den Herrn, all ihr Wasser über dem Himmel; lobt und rühmt ihn in Ewigkeit. Preist den Herrn, aller Regen und Tau; lobt und rühmt ihn in Ewigkeit. Preist den Herrn, ihr Quellen; lobt und rühmt ihn in Ewigkeit. Preist den Herrn, ihr Meere und Flüsse; lobt und rühmt ihn in Ewigkeit. (Dan 3,51-52.60.65.77-78)

Wort in den Tag

„Gepriesen seist du, mein Herr,
durch Schwester Wasser,
gar nützlich ist es
und demütig und kostbar und
keusch."[19]

Zwei Jahre vor seinem Tod dichtet der heilige Franziskus von Assisi den Sonnengesang. Schnell wird es zu einem der populärsten Texte christlicher Dichtung und Mystik. Diese Dichtung besingt in einzigartiger Weise die Schöpfung in all ihren Dimensionen. Alles atmet Gottes Geist, alles ist ihm verdankt – sogar der Bruder Tod. Es ist ein großartiger Lobgesang auf Gott zum Dank für seine Geschöpfe.

Franziskus hat diesen Text jedoch in einer Zeit geschrieben, wo anderen wohl kaum zum Lobe zumute sein würde: geschwächt von chronischer Malaria, einer schweren Augenkrankheit und Darmgeschwüren, noch ganz unter dem Eindruck der erhaltenen Wundmale Jesu an seinem Leib, inmitten einer Entwicklung seiner Gemeinschaft hin zu einer riesigen Institution – in einer solchen Situation jammert er nicht, sondern besingt die großartige Schöpfung Gottes. Es ist ein Lied im Leid geboren, das das Leid in einem ganz anderen Lichte erscheinen lässt. In einer sehr dunklen persönlichen Zeit hat Franziskus Augen für die Schön-

heit der Schöpfung, für das großartige Geschenk des Menschseins und die Größe Gottes. Selbst Sünde, Tod, Krankheit und Not sind eingeschlossen und werden besungen – das ganze Leben und die gesamte Schöpfung werden von Franziskus als Wirklichkeiten erlebt, die des Lobes würdig sind, nichts bleibt ausgeschlossen. Diese ganzheitliche Sicht auf die Wirklichkeit kann auch heute, gerade heute, ein wichtiger Impuls sein, Realitäten nicht einfach auszublenden, gerade diejenigen nicht, die das Leben erschweren und auch fragwürdig erscheinen lassen.
Zehn Strophen besingen diese Erfahrungen des heiligen Franziskus. Des Menschen Aufgabe ist das Dienen und das Loben, so dass der Sonnengesang mit den Worten endet: „Lobt und preist meinen Herrn und dankt und dient ihm in großer Demut." Es ist jedoch nicht nur ein Lobgesang, sondern ganz der mystischen Tradition verbunden, ein Liebesgesang. Franziskus besingt den guten Herrn, seinen Herrn: ‚mein Herr', ‚mi signore', den er in Ehrfurcht und von der Sprache her gesehen in großer Zärtlichkeit preist.
Schaut man den Gesang genauer an, dann lässt sich eine umfassende Betrachtung der gesamten Schöpfung feststellen, alles

ist in einer Ordnung, die wiederum von Gott geschaffen ist. In der Mitte der Ordnung stehen die vier Elemente von Wind, Wasser, Feuer und Erde, wobei das Wasser in der mittleren, der fünften Strophe, besungen wird. Franziskus verleiht der Schöpfung Gestalt, indem er aus den Elementen Geschwister macht. Seine Mystik ist eine Mystik der Beziehungen, die hinter die Dinge schaut und die gesamte Schöpfung zu Schwester und Bruder werden lässt.

Das Wasser ist für Franziskus eine Schwester, die er liebt, die zum Leben nützlich und wertvoll ist. Ihre Attribute sind Demut und Keuschheit. Mit diesen Zuschreibungen gelingt es Franziskus, im Wasser weitaus mehr zu sehen als nur etwas, was zum Leben notwendig ist. Wasser symbolisiert für ihn das, was er ein Leben lang immer wieder von sich und seinen Brüdern verlangt hat. Es symbolisiert für ihn das, was das Leben des Sohnes Gottes auf Erden ausgemacht hat: Diener sein, den Menschen und den einzelnen in den Mittelpunkt stellen, nicht sich selbst, und so im wahrsten Sinne des Wortes demütig sein. Zudem ist das Wasser keusch; es ist rein und bringt darin eine Hingabe und Klarheit an den Tag, die für ein Leben der Nachfolge, auch für den Lobpreis Gottes unumgänglich ist. Franziskus wollte das Evangelium leben. Er wollte so leben, wie Jesus es getan hat. Und das bedeutete für ihn, ein Leben im Dienst am Menschen und der Schöpfung zu führen, sich besonders denjenigen zuzuwenden, die sich selbst nicht mehr helfen konnten oder an den Rand der Gesellschaft gedrängt worden waren. Das Wasser lässt Franziskus diese dienende Nachfolge sinnlich erfahrbar machen.

Von der Schwester Wasser, demütig und keusch, kann der Mensch noch vieles lernen.

Impuls Das Wasser meine Schwester – ich nehme mir heute einmal ganz bewusst Zeit und versuche das Wasser mit Attributen zu versehen. Was ist das Wasser für mich? Demütig und keusch wie für Franziskus? Ist es meine Schwester?

Die Tränen der liebenden Sehnsucht – Caterina von Siena (1347–1380)

Wort der Schrift Als nun eine Sünderin, die in der Stadt lebte, erfuhr, dass er im Haus des Pharisäers bei Tisch war, kam sie mit einem Alabastergefäß voll wohlriechendem Öl und trat von hinten an ihn heran. Dabei weinte sie, und ihre Tränen fielen auf seine Füße. Sie trocknete seine Füße mit ihrem Haar, küsste sie und salbte sie mit dem Öl. (Lk 7,37-39)

Wort in den Tag Die Gabe der Tränen ist in der mystischen Tradition durchaus kein Randphänomen. Grundlage bilden die biblischen Berichte über das Weinen Jesu über Jerusalem oder über den Tod des Lazarus. In den Seligpreisungen werden die Weinenden gepriesen. Petrus weint Reuetränen nach seinem Verrat, und die Psalmen sprechen immer wieder vom Weinen u. a. als einem Zeichen der Buße. So gibt es in der Tradition Tränen der Zerknirschung angesichts der eigenen oder Sünden und Schwachheit der Menschen allgemein. Tränen des Mitleids, vor allem mit dem leidenden Jesus finden sich besonders im Mittelalter in der Frauen- und Leidensmystik. Schließlich gibt es die Tränen der Andacht und Kontemplation. Diese entstehen aus Sehnsucht, aus Freude und auch aus Erkenntnis. Viele Berichte von Mystikern und auch Auseinandersetzungen von Theologen sprechen in der christlichen Tradition von den Tränen, die Gabe und Gnade darstellen, die Ausdruck des Gefühls, vor allem aber Ausdruck einer inneren Wahrnehmung und einer Betroffenheit sind. Es ist ein komplexes Phänomen, von dem die heilige Caterina von Siena betont, dass man sich die Tränen zwar wünschen kann, es letztlich aber Gott überlassen muss, diese Gabe zu erhalten.

Als ein Phänomen der Mystik sind sie Ausdruck von Begegnung und Berührung, Ausdruck einer Wesensberührung, die sich in Worte nur schwer oder gar nicht ausdrücken lässt.

Caterina von Siena versucht es mit den folgenden Worten:

„Ich habe dir gezeigt, wie die Tränen vom Herzen kommen: das Herz, das sie in flammender Sehnsucht gesammelt hat, sendet sie zum Auge. Und wie das grüne Holz in der Hitze der Flammen Wasser ausschwitzt, weil es grün ist (wenn es trocken wäre, geschähe das nicht), so auch das Herz, das durch die Erneuerung der Gnade wieder grünt und aus dem die seelendörrende Trockenheit der Selbstsucht entfernt worden ist. So sind Feuer und Tränen vereint zu brennender Sehnsucht. Und weil diese Sehnsucht nicht endet, wird sie hienieden auch nie gestillt. Und je mehr die Seele liebt, desto weniger scheint ihr, dass sie liebe."[20]

Caterina entwickelt eine regelrechte Lehre der Tränen, wobei Gott es ist, der diese Lehre auf ihre Bitte hin, ihr die Tränen zu erklären, darlegt. Es sind Worte, Erkenntnisse, Weisheiten, die sie aus ihrer eigenen Erfahrung Gottes so schreiben kann. Neben den Tränen der Verdammung, den Tränen aus Furcht vor Strafe, aus Erkenntnis der Sünden, aus Nächsten- und Gottesliebe gibt es die Feuertränen: Tränen, die im Inneren geweint werden, weil die äußere Gabe der Tränen nicht gegeben ist. Grundbewegung der Tränen ist die Sehnsucht: die Sehnsucht nach einem Leben, in dem ich ganz bin, in dem ich mich annehmen kann wie ich bin, in dem ich nicht unter meinen Schwachheiten leiden muss. Es ist letztlich die tiefe Sehnsucht nach Gott, die Tränen verursacht. Zum einen, weil ich womöglich die Erfahrung Gottes habe machen dürfen, diesen Moment jedoch nicht festhalten konnte und mich nach dem sehne, was ich einmal habe berühren und erfahren dürfen. Zum anderen ist es die Sehnsucht nach der Gottesberührung, nach dem Einssein mit ihm. Caterina hat daraus gelebt. Sie hat die Erfahrung Gottes gemacht und seine Barmherzigkeit erfahren dürfen. So werden dem Menschen „Tränen der Liebe über Meine (Gottes) göttliche Barmherzigkeit und des Schmerzes über die Sünde des Nächsten" gewährt. „Und so weint die Seele mit den Weinenden und ist froh mit den Fröhlichen."
Letztlich ist die Mystik nichts anderes als eine Sehnsuchtsbewegung. Und was eignet der Sehnsucht mehr als Tränen, ob äußere oder innere, ob aus Freude oder Schmerz, ob aus Ent-behrung oder Vereinigung? Tränen der liebenden Sehnsucht?

Impuls Ich nehme ein Blatt zur Hand und erinnere mich der Momente, in denen ich Tränen vergossen habe. Was waren Tränen der Sehnsucht? Wonach?

Das Leben ist wie ein bewässerter Garten – Theresia von Avila (1515–1582)

Wort der Schrift Der Herr wird dich immer führen, auch im dürren Land macht er dich satt und stärkt deine Glieder. Du gleichst einem bewässerten Garten, einer Quelle, deren Wasser niemals versiegt. (Jes11)

Wort in den Tag Theresia von Avila war Zeit ihres Lebens eine äußerst lebensfrohe und couragierte Frau, trotz aller Heilsangst und, wie sie selbst es sagt, ‚knechtischer Furcht ihre Seele zu retten'. 18 Jahre lebt sie zunächst ein Ordensleben, das geprägt ist von der Suche nach dem, was Glauben heißt, was wahre Freude heißt und wie geistliches Leben und sinnliche Freuden miteinander in Einklang zu bringen sein könnten. Eines Tages aber macht sie, in all ihrer selbst beschriebenen Mittelmäßigkeit und in ihrem Ordensleben, das mehr schlecht als recht dahindümpelt, die Erfahrung, dass Gott sie in einer Statue des Schmerzensmannes anrührt, aufgestellt im klösterlichen Oratorium. „Aufgelöst in Tränen, warf ich mich vor ihm nieder und bat ihn, mir für immer Kraft zu geben, ihn nicht mehr zu beleidigen … Ich glaube, ich habe ihm damals gesagt, dass ich mich nicht mehr erheben wollte, bis er das tut, worum ich ihn bat. Ich bin sicher, dass mir das weiterhalf, denn von da an ging es mit mir viel besser voran." Immer wieder nun macht sie mystische Erfahrungen, bleibt dabei aber sehr nüchtern und beginnt, Kirche und Orden gegen alle Widerstände von innen heraus zu reformieren. Theresia wird zu einer der markantesten Gestalten der christlichen Spiritualität und zu einer geistlichen Schriftstellerin par excellence. Sie versucht, ihre Erfahrungen anderen weiterzugeben. Sie kann all das leisten, weil sie sich in Gott aufgehoben weiß, weil für sie Gott vor allem der Freund an ihrer Seite ist, der sie nie im Stich lässt. Sie findet Gott in ihrem eigenen Innern, von Angesicht zu Angesicht im inneren Gebet. Dieses ist für sie wie ein Gespräch mit einem Freund, mit dem man gerne zusammen ist, weil sie sich sicher ist, dass er sie liebt. Geistliches Leben ist für sie nichts anderes, als diese Freundschaft mit Gott zu pflegen und immer wieder zu suchen. Eindrücklich beschreibt sie es in ihrem berühmten Bewässerungsgleichnis:

> *„Wer mit dem geistlichen Leben beginnt, ist wie jemand, der einen Garten anlegen will, damit sich der Herr darin gern ergehe. Sein Grundstück ist wild und voller Unkraut. Seine Majestät selbst rodet es und setzt schöne Pflanzen ein. Dann aber müssen wir uns bemühen, mit der Hilfe Gottes selbst gute Gärtner zu werden, und die Pflanzen regelmäßig begießen, damit sie nicht vertrocknen, sondern wachsen, blühen und herrlich duften, damit sich unser Herr daran erfreue. So wird er denn oft in diesen Garten kommen und sich zwischen den Blumen der Tugend ergehen.*
>
> *Überlegen wir nun, wie wir den Garten bewässern können. Ich meine, da gibt es vier Arten: Erstens kann man das Wasser in einem Gefäß selbst aus dem Brunnen emporziehen, was eine große Mühe ist. Zweitens kann man sich eines Schöpfrades bedienen, wie ich es manchmal tat; das ist schon weniger anstrengend, und man hat mehr Wasser. Drittens kann man es aus einem Fluss oder Bach ableiten; das ist sehr viel wirkungsvoller, denn die Erde wird besser durchtränkt, und man muss nicht zu häufig bewässern, so dass dem Gärtner viel Arbeit abgenommen ist. Viertens, wir müssen überhaupt nichts mehr tun, weil der Herr es kräftig regnen lässt; und das ist unvergleichlich viel besser als alles zuvor Genannte.“*[21]

Innere Vorgänge beschreibt Theresia, wie sie selbst sagt, am besten mit dem Bild des Wassers. Sie bezeichnet sich als eine große Freundin dieses Elements. Es ist für sie strömend und tief, bewegt und still, stets angepasst und immer zielgerichtet, aber auch grenzenlos und ursprunggebunden. Das geistliche Leben ist wie einen Garten pflegen, den Gott selbst gerodet und eingerichtet hat – wie wohltuend doch diese Ausgangsbasis ist, die doch nichts anderes bedeutet, dass ich, so wie ich bin, mit meinem Leben von Gott geschaffen bin, als ein Garten, in dem er sich ergehen möchte. Ich bin der Gärtner, der Obacht geben muss, dass nichts vertrocknet. Der Garten will auf unterschiedliche Arten bewässert sein, und auch da ist Gott jemand, der für mich sorgt, der es regnen lässt – und darauf kann ich bauen und vertrauen. Geistliches Leben ist somit nichts anderes, als die Freundschaft mit Gott zu pflegen und auf ihn zu vertrauen.

Impuls Ich nehme ein großes Blatt Papier und male einen Garten, den Garten meines Lebens. Was wächst da alles, und was darf dort wachsen? Wie bewässere ich diesen Garten und pflege ihn, dass Gott sich darin ergehen kann? Schenkt er meinem Garten Regen? In welcher Form?

Gebet wie ein Schluck frischen Wassers – Franz von Sales (1567–1622)

Wort der Schrift Wenn der Herr, dein Gott, dich in ein prächtiges Land führt, ein Land mit Bächen, Quellen und Grundwasser, das im Tal und am Berg hervorquillt, ein Land mit Weizen und Gerste, mit Weinstock, Feigenbaum und Granatbaum, ein Land mit Ölbaum und Honig, ein Land, in dem du nicht armselig dein Brot essen musst, indem es dir an nichts fehlt, ein Land, dessen Steine aus Eisen sind, aus dessen Bergen du Erz gewinnst; wenn du dort isst und satt wirst und den Herrn, deinen Gott, für das prächtige Land, das er dir gegeben hat, preist, dann nimm dich in acht und vergiss den Herrn, deinen Gott, nicht. (Dtn 8,7-11)

Wort in den Tag

„Erhebe dich also oft durch kurze, feurige Herzensgebete. Diese Übung ist bestimmt nicht schwer. Man kann sie in alle Arbeiten und Beschäftigungen einflechten, ohne diesen irgendwie zu schaden; Der Wanderer bleibt wohl einen Augenblick stehen, wenn er einen Schluck Wasser nimmt, um Herz und Mund zu erfrischen; dadurch unterbricht er aber keineswegs seine Reise, sondern holt sich nur Kraft, um rascher und besser ausschreiten zu können."[22]

Der langjährige Bischof von Annecy in Frankreich, FRANZ VON SALES, gilt als der Patron der Schriftsteller. Er hat einige große Werke der geistlichen Literatur geschrieben, wobei besonders eines hervorzuheben ist, das auch für den Menschen von heute noch große Bedeutung haben kann: die Philothea (Einführung in das Leben aus christlichem Glauben). In diesem Büchlein, das sich im 17. Jahrhundert einer Beliebtheit in Frankreich und Mitteleuropa erfreut hat wie kein zweites Buch, versucht Bischof Franz von Sales, Frauen der Mittelklasse und der gehobeneren Schichten der damaligen Zeit Hilfen für ein geistliches Leben im Alltag zu geben. Diese Ratschläge, so sehr zeitbedingt sie oft sind, entbehren nicht einer gewissen Aktualität für heute.

Franz von Sales versucht keine extreme Frömmigkeit zu beschreiben oder zu fordern. Er weiß um all die Alltäglichkeiten, die das Leben eines Menschen in Bann halten können und ihn so sehr beschäftigen, dass für stille Stunden oder Gebetszeiten kaum mehr Zeit, geschweige denn Muße bleibt. Seine Ratschläge sind sehr praktischer und klarer Natur.

Dass Franz von Sales jedoch Patron der Schriftsteller geworden ist, das hat er wohl am meisten seiner Brieftätigkeit zu verdanken. Er führte ein regelrechtes Apostolat des Briefeschreibens. 2100 Brieffragmente sind uns von ihm überliefert. Wie viele er insgesamt geschrieben haben dürfte, das bleibt im Dunkeln. Immer wieder ging es dabei um die Fragen eines Glaubenslebens im Alltag: von Priestern und Schwestern, insbesondere aber von Laien, die nicht in einer religiösen Gemeinschaft leben, die klare Strukturen und damit Hilfen für ein geistliches Leben vorgeben. Eine Frage, die Menschen bis heute beschäftigt, und die Franz von Sales sicherlich auch oft gehört hat, war die Frage nach dem Gebet. Was ist Beten? Wie soll man im Alltag richtig beten?

Franz von Sales antwortet u. a. mit dem Bild des Wanderers und des Wassers. Er betont, dass nicht die langen Gebetszeiten wichtig sind. Es kommt nicht auf lange und wohlformulierte Worte an. Er fordert kein Pensum und fördert keine Leistungsgebetshaltung. Vielmehr ist es ihm ein Anliegen, dass der Mensch aus dem Herzen heraus zu Gott betet. Das Herzensgebet, das Bei-Gott-Sein, das ist wichtig, nicht die Länge, das Pensum, die Geschliffenheit der Worte oder die Vorschriften. Feurige Herzensgebete fordert er, die doch nicht schwer sein dürften, wie er meint. In der Kürze liegt die Würze, so könnte man salopp seinen Rat kommentieren. Und damit erhält für ihn das gesamte Leben eine Gebetshaltung und einen geistlichen Charakter. Das Gebet ist nicht losgelöst vom Alltag. Und er als Bischof mit all den vielen Geschäften dürfte wohl gewusst haben, warum er gerade diesen Ratschlag erteilt. Das Gebet ist dann wie das Wasser für den Wanderer: ein kurzes Innehalten und notwendiges Unterbrechen, um Kraft zu schöpfen und rascher und besser ausschreiten zu können.

Wasser erfrischt auf einer langen Reise. Es ist notwendig; es belebt und gibt Kraft. Wasser ist lebensspendendes Elixier und

notwendig für die lange Reise des Lebens. So auch das Gebet – es ist für den Frommen lebensnotwendig. Wie Wasser Kraft geben und die Geister neu beleben kann, so auch das Gebet: das Gebet, das aus dem Herzen kommt.
Franz von Sales war ein sehr nüchtern denkender Mensch. Und gerade der Vergleich von Wasser auf einer Reise und dem Gebet zeigt, wie praktisch er doch zugleich war, wie lebensnah seine Mystik des Alltags gewesen ist, wie sehr er auch einen Gott erfahren hat in seiner Mystik, der sich im Alltag und nicht allein in großartigen Übungen und asketischen Leistungen finden lässt.

Impuls Mein Alltag mag sehr voll und geprägt von vielen Dingen sein. Das Gebet hat vielleicht seinen festen Platz, vielleicht sucht es sich ihn immer wieder, vielleicht aber fehlt dieser Platz auch. Ich nehme mir heute vor, immer wieder einmal ein kurzes Stoßgebet zu sprechen. Vielleicht ist es immer das gleiche, z. B. entsprechend dem ostkirchlichen Jesusgebet: „Herr, Jesus Christus, erbarme Dich meiner.“ Vielleicht sind es nur ein oder zwei Worte: „Ach, Gott!“ Vielleicht ist es auch ein stilles Verweilen, ein momentanes Innehalten oder ein an Gott denkender Seufzer. Am Abend schaue ich zurück: Wie war es? Hat es mir gut getan? War es die einfache Übung, von der Franz von Sales spricht?

Die Quellen, aus denen das Wasser des Lebens strömt, klar wie Kristall
(Off 7,1-17 und Off 22,1-5)

Danach sah ich: Vier Engel standen an den vier Ecken der Erde. Sie hielten die vier Winde der Erde fest, damit der Wind weder über das Land noch über das Meer wehte, noch gegen irgendeinen Baum. Dann sah ich vom Osten her einen anderen Engel emporsteigen; er hatte das Siegel des lebendigen Gottes und rief den vier Engeln, denen die Macht gegeben war, dem Land und dem Meer Schaden zuzufügen, mit lauter Stimme zu: Fügt dem Land, dem Meer und den Bäumen keinen Schaden zu, bis wir den Knechten unseres Gottes das Siegel auf die Stirn gedrückt haben.
Und ich erfuhr die Zahl derer, die mit dem Siegel gekennzeichnet waren. Es waren hundertvierundvierzigtausend aus allen Stämmen der Söhne Israels, die das Siegel trugen.
Danach sah ich: eine große Schar aus allen Nationen und Stämmen, Völkern und Sprachen; niemand konnte sie zählen. Sie standen in weißen Gewändern vor dem Thron und vor dem Lamm und trugen Palmzweige in den Händen. Sie riefen mit lauter Stimme: Die Rettung kommt von unserem Gott, der auf dem Thron sitzt, und von dem Lamm.
Und alle Engel standen rings um den Thron, um die Ältesten und die vier Lebewesen. Sie warfen sich vor dem Thron nieder, beteten Gott an und sprachen: Amen, Lob und Herrlichkeit, Weisheit und Dank, Ehre und Macht und Stärke unserem Gott in alle Ewigkeit. Amen.
Da fragte mich einer der Ältesten: Wer sind diese, die weiße Gewänder tragen, und woher sind sie gekommen? Ich erwiderte ihm: Mein Herr, das musst du wissen. Und er sagte zu mir: Es sind die, die aus der großen Bedrängnis kommen; sie haben ihre Gewänder gewaschen und im Blut des Lammes weiß gemacht. Deshalb stehen sie vor dem Thron Gottes und dienen ihm bei Tag und Nacht in seinem Tempel; und der, der auf dem Thron sitzt, wird sein Zelt über ihnen aufschlagen. Sie werden keinen Hunger und keinen Durst mehr leiden, und weder Sonnenglut noch irgendeine sengende Hitze wird auf ihnen lasten.

Denn das Lamm in der Mitte vor dem Thron wird sie weiden und zu den Quellen führen, aus denen das Wasser des Lebens strömt, und Gott wird alle Tränen von ihren Augen abwischen. (Off 7,1–17)

Und er zeigte mir einen Strom, das Wasser des Lebens, klar wie Kristall; er geht vom Thron Gottes und des Lammes aus. Zwischen der Straße der Stadt und dem Strom, hüben und drüben, stehen Bäume des Lebens. Zwölfmal tragen sie Früchte, jeden Monat einmal; und die Blätter der Bäume dienen zur Heilung der Völker. Es wird nichts mehr geben, was der Fluch Gottes trifft.
Der Thron Gottes und des Lammes wird in der Stadt stehen, und seine Knechte werden ihm dienen. Sie werden sein Angesicht schauen, und sein Name ist auf ihre Stirn geschrieben. Es wird keine Nacht mehr geben, und sie brauchen weder das Licht einer Lampe noch das Licht der Sonne. Denn der Herr, ihr Gott, wird über ihnen leuchten, und sie werden herrschen in alle Ewigkeit. (Offb 22,1-5)

In zerbrechlichen Gefäßen

Wort der Schrift Denn Gott, der sprach: Aus Finsternis soll Licht aufleuchten!, er ist in unseren Herzen aufgeleuchtet, damit wir erleuchtet werden zur Erkenntnis des göttlichen Glanzes auf dem Antlitz Christi.
Diesen Schatz tragen wir in zerbrechlichen Gefäßen; so wird deutlich, dass das Übermaß der Kraft von Gott und nicht von uns kommt. (2 Kor 4,6-7)

Wort in den Tag In die schönste Barockkirche unserer Stadt laden wir einmal im Monat Obdachlose zu einem ökumenischen Gottesdienst ein. An eine Ansprache des evangelischen Pfarrers erinnere ich mich gern. Er stellte einen großen Krug, eine kleine Vase und einen Blumentopf auf den Altar.
Der Krug schaute auf das Väschen herab und sagte: Schau mich an! Ich stehe oft in der Mitte des Zimmers. Einen großen Blumenstrauß kann ich fassen, und mein Wasser ist nie erschöpft. Du aber bist klein und unscheinbar. Mit mir kannst du nicht konkurrieren. Da antwortete die Blumenvase: Ich bin zwar klein, aber die Herrin des Hauses stellt mich mitten auf den Tisch, und eine einzige Rose blüht in mir auf. Ich bin kein Massenprodukt, keine Nummer aus einer Serie. Mich hat die Künstlerhand als Original geformt. Und schau dich doch an: Bei dir geht der Lack schon ab.
Dann schauten beide verächtlich auf den Blumentopf. „Der hat ja ne Macke!“ Am Rand des Topfes war ein Sprung und ein Stück herausgebrochen. „Den kann man nur wegwerfen. Der ist für nichts mehr zu gebrauchen.“ – „Warum wegwerfen? Immer noch kann der Gärtner Erde hineinfüllen und einen Samen hineinlegen. Und eine Blume wächst darin, die man in die Vase stellen kann.“
Menschen sind wie Tongefäße. Man muss sie vorsichtig behandeln, sonst bricht ein Stück heraus. Wenn wir zueinander nicht sensibel und rücksichtsvoll sind, bekommt man leicht eine Macke ab.
Einer der Obdachlosen kam nach vorne und legte seinen Finger

in die Lücke des Blumentopfes: „Die Macke muss bleiben", sagte er. „Die Macke ist die Tür zum Herzen. Durch ihre eigenen Fehler und Schwächen verstehen die Menschen uns leichter. Die Wunden sind Augen – Augen des Verstehens. Die Perfekten, die Hundertprozentigen verstehen nichts. Sie verurteilen nur."
In solch zerbrechlichen Gefäßen, wie wir sind, kommt Gottes Liebe zur Geltung. Wir stehen immer wieder vor Scherben, bis wir zulassen, zu sein, was wir sind. Wir brauchen unsere Schwächen nicht verstecken. Sie sind die Tore für die Gnade. Sie sind wie Augen des Verstehens. Sie machen uns gütig und barmherzig, weil wir selbst Barmherzigkeit erfahren haben. Nicht aus uns kommt die Kraft, sondern das „Übermaß an Kraft kommt von Gott". Diesen Schatz der Liebe tragen wir in zerbrechlichen Gefäßen.
Im Psalm 34 wird uns versprochen: „Nahe ist der Herr den zerbrochenen Herzen, er hilft denen auf, die zerknirscht sind." (Ps 34,19). Deshalb kann der Apostel Paulus im zweiten Korintherbrief das Wirken der Kraft Gottes in zerbrechlichen Gefäßen so deuten: „Von allen Seiten werden wir in die Enge getrieben und finden doch noch Raum; wir wissen weder aus noch ein und verzweifeln dennoch nicht; wir werden gehetzt und sind doch nicht verlassen; wir werden niedergestreckt und doch nicht vernichtet." (2 Kor 4,8-9)

Impuls Vieles ist in meinem Leben ein Fragment geblieben. Macken hat mein Lebenskrug bekommen. Ich habe erfahren, wie zerbrechlich mein Gefäß ist. Durch mich haben andere ihre Macken abbekommen. Ich habe auch erfahren, dass ich mit mir selbst barmherzig sein darf, weil Gott „den zerbrochenen Herzen nahe ist". Auch mit anderen bin ich ein Stück geduldiger und gütiger geworden. Ich weiß, dass Gott selbst die Bruchstücke unseres Lebens mit seinen Händen zusammenhält.

Für heute möchte ich Ihnen zwei Worte zur Meditation schenken.
Gertrud von Le Fort sagt: „Die Grenze des Menschen ist stets das Einbruchstor Gottes."
Blaise Pascal schreibt: „Es ist nicht auszudenken, was Gott aus den Bruchstücken unseres Lebens machen kann, wenn wir sie ihm ganz überlassen."

Regenbogen – Gott verlässt die Erde nicht

Wort der Schrift Dann sprach Gott zu Noach und seinen Söhnen, die bei ihm waren: Hiermit schließe ich meinen Bund mit euch und mit euren Nachkommen und mit allen Lebewesen bei euch, mit den Vögeln, dem Vieh und allen Tieren des Feldes, mit allen Tieren der Erde, die mit euch aus der Arche gekommen sind. Ich habe meinen Bund mit euch geschlossen: Nie wieder sollen alle Wesen aus Fleisch vom Wasser der Flut ausgerottet werden; nie wieder soll eine Flut kommen und die Erde verderben.
Und Gott sprach: Das ist das Zeichen des Bundes, den ich stifte zwischen mir und euch und den lebendigen Wesen bei euch für alle kommenden Generationen: Meinen Bogen setze ich in die Wolken; er soll das Bundeszeichen sein zwischen mir und der Erde. Balle ich Wolken über der Erde zusammen und erscheint der Bogen in den Wolken, dann gedenke ich des Bundes, der besteht zwischen mir und euch und allen Lebewesen, allen Wesen aus Fleisch, und das Wasser wird nie wieder zur Flut werden, die alle Wesen aus Fleisch vernichtet. Steht der Bogen in den Wolken, so werde ich auf ihn sehen und des ewigen Bundes gedenken zwischen Gott und allen lebenden Wesen, allen Wesen aus Fleisch auf der Erde. Und Gott sprach zu Noach: Das ist das Zeichen des Bundes, den ich zwischen mir und allen Wesen aus Fleisch auf der Erde geschlossen habe. (Gen 9,8-17)

Wort in den Tag Regenbogen – Zauber der Farben. In den Wassertropfen bricht sich das Licht. Eine merkwürdige Übergangssituation: Noch regnet es, doch scheint schon die Sonne. Das Licht verdrängt die Dunkelheit. Wenn das Licht durch die Wolken bricht, erscheint ein leuchtender Regenbogen am Himmel. Eine Brücke aus sieben Farben zwischen Himmel und Erde. Verbindung des Unendlichen mit dem Vergänglichen.

Regenbogen – Friedenszeichen. Gott hat seinen Kriegsbogen beiseite gestellt. Zeichen seiner Zusage, das Leben auf Erden bis ans Ende der Zeiten zu erhalten. Gott verheißt uns keinen ewig

blauen Himmel, keine heile Welt, aber den Fortbestand des Lebens. „Regenbogen – buntes Licht, deine Farben sind das Leben. Gott verlässt die Erde nicht, hat sein Zeichen uns gegeben.“
Regenbogen – Bundeszeichen. „Weil Gott selbst es uns verspricht, er verlässt uns Menschen nicht, ist ein bunter Regenbogen hoch am Himmel aufgezogen.“[23] Nach der großen Sintflut gibt Gott sein Versprechen, nie mehr Leben zu vernichten. Der Regenbogen soll uns erinnern an den Bund, den Gott mit allen Lebewesen geschlossen hat. Heilsgeschichte ist Bundesgeschichte: Noahbund, Sinaibund, Zionbund, Neuer Bund. Nach vielen Bundesbrüchen durch den Menschen, erneuert Gott immer wieder sein Bundesversprechen, weil er treu bleibt. Im Neuen Bund ist Jesus Christus das endgültige Ja Gottes zur Welt. Der Apostel Paulus schreibt: „Gottes Sohn Jesus Christus...ist nicht als Ja und Nein zugleich gekommen; in ihm ist das Ja verwirklicht. Er ist das Ja zu allem, was Gott verheißen hat.“ (2 Kor 1,19-20).
Das neue Bundeszeichen seiner Treue und Liebe ist das Kreuz, von dem Gottes Sohn uns seine Hände entgegenstreckt.

Regenbogen – Zeichen der Läuterung. Wann immer Gott die Welt mit einem ausgiebigen Regen gewaschen hat, setzt er den Regenbogen an den Himmel. Zuerst kommt die „Reinigung“ und dann der „Festschmuck“. Gottes Herrlichkeit in all ihrer Pracht leuchtet auf, wo wir den Weg der Läuterung und Wandlung beschreiten. Nach vierzig Tagen Fastenzeit kann der Regenbogen das österliche Zeichen sein.

Regenbogen – Mahnzeichen. „Gott will, dass die Welt besteht, – helft, dass nichts verloren geht. Gott vertraut uns alles an, denkt doch jederzeit daran.“[24] Ja, die Erde und ihre Früchte sind dem Menschen anvertraut. Nicht damit er sie ausbeutet, sondern dass er sie hütete und beschützt. Der Regenbogen ist das Zeichen aller, die sich um die Bewahrung der Schöpfung mühen. Wasser ist das kostbarste Gut dieser Erde. Auf den anderen Planeten gibt es kein Leben, weil es kein Wasser gibt. Deshalb ist jede Wasservergiftung und Wasservergeudung Sünde unter dem Zeichen des Regenbogens.

Impuls

Regenbogen buntes Licht, deine Farben sind das Leben,
Gott verlässt die Erde nicht, hat sein Zeichen uns gegeben.

Rot das Feuer, Glut und Flamme, Wärme und Stärke fühle ich,
und ich ahne das Geheimnis: Gottes Liebe trägt auch mich.

Orange die Sonne, Licht des Tages, wach sein und
sehen möchte ich,
und ich ahne das Geheimnis: Gottes Licht erleuchtet mich.

Gelb die Ähren auf dem Felde, Reichtum und Fülle träume ich,
und ich ahne das Geheimnis: Gottes Hände segnen mich.

Grün die Pflanzen, grün die Bäume, Wachsen und Werden
spüre ich,
und ich ahne das Geheimnis: Gottes Kräfte stärken mich.

Blau das Wasser, blau der Himmel, Tiefe und Weite suche ich,
und ich ahne das Geheimnis: Gottes Treue leitet mich.

Indigo – ein dunkler Schatten, fremde Gewalten fürchte ich,
und ich ahne das Geheimnis: Gottes Schatten schützen mich.

Violett, die große Ruhe, still sein und schweigen möchte ich,
und ich ahne das Geheimnis: guter Gott, du findest mich.[25]

Jona – Aus der Tiefe die Befreiung

Wort der Schrift Zu dieser Zeit sagten einige Schriftgelehrte und Pharisäer zu ihm: Meister, wir möchten von dir ein Zeichen sehen. Er antwortete ihnen: Diese böse und treulose Generation fordert ein Zeichen, aber es wird ihr kein anderes gegeben werden als das Zeichen des Propheten Jona. Denn wie Jona drei Tage und drei Nächte im Bauch des Fisches war, so wird auch der Menschensohn drei Tage und drei Nächte im Innern der Erde sein. (Mt 12,38-40)

Wort in den Tag Jona wird zum Zeichen der Auferstehung. Jesus selbst erinnert daran. Wie Jona drei Tage im Bauch des Fisches war, so wird Jesus drei Tagen und drei Nächte im Grab liegen und dann auferstehen. Gott wird ihn auferwecken. Wie Jona – das Bild zeigt es – durch die Hand Gottes aus den Tiefen des Abgrundes errettet wurde. Jona ist ein österliches Zeichen. Auch wenn die Liturgie der Karwoche uns noch einige Tage

durch die Tiefen der Not und der Passion führt, Gott errettet aus den tiefsten Tiefen des Meeres. Ein Bild für unser eigenes Unterbewusstsein. Bis in diese Dunkelheit leuchtet das Licht der Ostersonne.
Das Meer war für das Empfinden der Menschen schon immer der Ort der verschlingenden Ungeheuer. Bildworte wie Sturm, Bauch des Fisches, Abgrund des Meeres sind die Vorstellungen unserer Träume, sind Fenster, die den Blick freigeben in existentielle Tiefen. Aus diesen Tiefen errettet Gott seinen Propheten, seinen Berufenen, der nichts anderes im Sinn hat als Flucht.
Ninive steht für die Bosheit schlechthin. Unterdrückung, Gewalt und Folter, wie keiner sie schlimmer ersinnen kann. Ninive – das Wort lässt jeden erschaudern. Nur weg! Es gibt keine Alternative. Flucht ist der einzige Ausweg. Jona flieht auch vor Gott und seinem Wort: Geh nach Ninive!. Rasch zum Hafen und auf das schnelle Überseeschiff. Egal, wie hoch der Fahrpreis ist, nur fort! Jona bleibt nicht an Deck. Er verkriecht sich im Inneren des Schiffes. Er steigt hinunter in den Schiffsbauch, hinunter in den Schlaf. Vergessen und verdrängen, damit er endlich dieses „Geh!“ mundtot macht.
Doch die See tobt, der Sturm bricht los auch in seinem Herzen. Das Meer, dieses Ungeheuer, verlangt sein Opfer. Das Los wird geworfen. Das Los fällt auf den ungehorsamen Flüchtling. Die Matrosen scheuen sich, ihn dem tobenden Ungeheuer zu opfern. „Werft mich ins Meer!“ Jona ist sich seiner Schuld bewusst.
Das Meer hört auf zu wüten. Gott schickt den großen Fisch. Jona im Bauch des Fisches, drei Tage und drei Nächte ist er gefangen, eingesperrt in der Dunkelheit und Ohnmacht. Jetzt kann er nicht mehr weglaufen. Er kann nur noch schreien: „Aus der Tiefe rufe ich, Herr, zu dir!“ Aus dem Abgrund des Meeres bettelt er um den Befreier.
Gott ist reich an Erbarmen. Er umarmt seinen Propheten im Bauch des Fisches. Er errettet ihn vor dem Ertrinken in salzigen Fluten. Der Fischbauch wird zum Schoß, der neues Leben gebiert. Der Fisch spuckt ihn ans Land.
Nun hat Jona seine Angst überwunden. Er geht hinein in die Stadt Ninive. Nach allen Fluchtversuchen stellt er sich dem Bö-

sen und weicht nicht mehr aus. „Tut Buße vierzig Tage lang! Bekehret euch, dann ist der Herr barmherzig!"

Impuls Überall ist Jona. Jona ist auch in mir. Sein Gebet im Bauch des Fisches gehört nicht nur zur Weltliteratur, sondern kann am Ende der Fastenzeit mein persönliches Sturmgebet werden, weil es Rettung verspricht:
„In meiner Not rief ich zum Herrn, und er erhörte mich. Aus der Tiefe der Unterwelt schrie ich um Hilfe, und du hörtest mein Rufen. Du hast mich in die Tiefe geworfen, in das Herz der Meere; mich umschlossen die Fluten, all deine Wellen und Wogen schlugen über mir zusammen. Ich dachte: Ich bin aus deiner Nähe verstoßen. Wie kann ich deinen heiligen Tempel wieder erblicken? Das Wasser reichte mir bis an die Kehle, die Urflut umschloss mich; Schilfgras umschlang meinen Kopf. Bis zu den Wurzeln der Berge, tief in die Erde kam ich hinab; ihre Riegel schlossen mich ein für immer. Doch du holtest mich lebendig aus dem Grab herauf, Herr, mein Gott.
Als mir der Atem schwand, dachte ich an den Herrn, und mein Gebet drang zu dir, zu deinem heiligen Tempel. Wer nichtige Götzen verehrt, der handelt treulos. Ich aber will dir opfern und laut dein Lob verkünden. Was ich gelobt habe, will ich erfüllen. Vom Herrn kommt die Rettung." (Jona 2,3-11)

Fußwaschung mit Schürze und Waschtrog

Wort der Schrift Es war vor dem Paschafest. Jesus wusste, dass seine Stunde gekommen war, um aus dieser Welt zum Vater hinüberzugehen. Da er die Seinen, die in der Welt waren, liebte, erwies er ihnen seine Liebe bis zur Vollendung.
Es fand ein Mahl statt, und der Teufel hatte Judas, dem Sohn des Simon Iskariot, schon ins Herz gegeben, ihn zu verraten und auszuliefern. Jesus, der wusste, dass ihm der Vater alles in die Hand gegeben hatte und dass er von Gott gekommen war und zu Gott zurückkehrte, stand vom Mahl auf, legte sein Gewand ab und umgürtete sich mit einem Leinentuch. Dann goss er Wasser in eine Schüssel und begann, den Jüngern die Füße zu waschen und mit dem Leinentuch abzutrocknen, mit dem er umgürtet war.
Als er zu Simon Petrus kam, sagte dieser zu ihm: Du, Herr, willst mir die Füße waschen?
Jesus antwortete ihm: Was ich tue, verstehst du jetzt noch nicht; doch später wirst du es begreifen. Petrus entgegnete ihm: Niemals sollst du mir die Füße waschen! Jesus erwiderte ihm: Wenn ich dich nicht wasche, hast du keinen Anteil an mir. Da sagte Simon Petrus zu ihm: Herr, dann nicht nur meine Füße, sondern auch die Hände und das Haupt. Jesus sagte zu ihm: Wer vom Bad kommt, ist ganz rein und braucht sich nur noch die Füße zu waschen. Auch ihr seid rein, aber nicht alle. Er wusste nämlich, wer ihn verraten würde; darum sagte er: Ihr seid nicht alle rein.
Als er ihnen die Füße gewaschen, sein Gewand wieder angelegt und Platz genommen hatte, sagte er zu ihnen: Begreift ihr, was ich an euch getan habe? Ihr sagt zu mir Meister und Herr, und ihr nennt mich mit Recht so; denn ich bin es. Wenn nun ich, der Herr und Meister, euch die Füße gewaschen habe, dann müsst auch ihr einander die Füße waschen. Ich habe euch ein Beispiel gegeben, damit auch ihr so handelt, wie ich an euch gehandelt habe. (Joh 13,1-15)

Wort in den Tag Es gibt gelungene Zeichnungen, die mit ganz wenigen Strichen das Typische einer Persönlichkeit darstellen. Wenn wir uns an einen Menschen erinnern, der unserem Blickfeld entschwunden ist, fallen uns Aussprüche oder zum Beispiel Handbewegungen ein. Das war typisch für ihn! Die Frage Jesu: „Begreift ihr, was ich euch getan habe?“, deutet darauf hin, dass die Fußwaschung typisch für ihn ist. Und was ist typisch für uns Christen? Wir waschen den anderen lieber den Kopf als die Füße. Jesus hat das gewusst. Deshalb beschwört er uns mit den Worten: „Ich habe euch ein Beispiel gegeben, damit auch ihr so handelt, wie ich an euch gehandelt habe.“

Der Evangelist Johannes hat keinen Abendmahlsbericht. Er ersetzt die Eucharistie durch die Fußwaschung. Nicht, weil er eine Gedächtnislücke hatte, sondern weil er uns sagen will: Die Realpräsenz Christi ereignet sich nicht nur in der Eucharistie, sondern auch im Dienst am Menschen, im Zeichen der Fußwaschung. Wenn die Eucharistie nicht zum Heilsdienst am Menschen hinführt, hat sie ihren Sinn verfehlt. Am Gründonnerstag, in der Stunde, in der das Abendmahl-Sakrament eingesetzt wird, werden Waschschüssel und Füße zum sprechenden Symbol. Verachteter, alltäglicher Sklavendienst wird zum Zeichen für Gottes erbarmende Liebe. Es genügt also nicht, in Festtagskleidern Eucharistie zu feiern, wenn wir nicht auch die Schürze der Fußwaschung anziehen. Wenn eine Gemeinde zu den kleinen, alltäglichen Diensten nicht bereit ist, betreibt sie Eucharistie wie ein liturgisches Spiel.

Auch das ist sakramentales Geschehen: „Er stand vom Mahl auf, legte sein Gewand ab und umgürtete sich mit einem Leinentuch. Dann goss er Wasser in eine Schüssel und begann, den Jüngern die Füße zu waschen und mit dem Leinentuch abzutrocknen, mit dem er umgürtet war.“ Am Gründonnerstag beugt er sich tief zu Petrus und seinen Jüngern hinunter und wäscht ihnen die Füße. Am Karfreitag neigt er sich sterbend über die ganze Welt und „wäscht“ mit seinem Blut ihre Schuld ab.

Impuls Fußwaschung: Ich kannte einen Mann, der nicht zu den Sonntagskirchgängern zählte, aber nicht nur am Gründon-

nerstag freiwillig die altersverkrümmten Füße seiner Großmutter badete und ihr behutsam die Nägel schnitt.
Fußwaschung: Eine Fußpflegerin erzählte mir, wie intensiv sie mit Menschen ins Gespräch kommt, denen sie die Füße pflegt. Unter den Fußsohlen laufen alle Nervenbahnen zusammen. Es ist für sie nicht verwunderlich, dass auch das zur Sprache kommt, was die Nerven strapaziert.
Fußwaschung: Auf dem Kirchentag in Berlin hantierte Andrea Meuer geschickt mit Seife, Salz und Massageöl. Für sie ist die Fußwaschung ein Zeichen der persönlichen Hinwendung. „Ich habe das beim letzten Kirchentag schon gemacht. Es entwickeln sich oft sehr interessante Gespräche dabei mit den unterschiedlichsten Menschen."
Frage: Mit welchen Zeichen könnte ich meinen Bekannten begegnen, um in ein gutes Gespräch zu kommen, vielleicht sogar in ein Versöhnungsgespräch?
Frage: Wann sollte ich „die Schürze der Fußwaschung" anziehen, um in der heutigen Bedienungsmentalität den Dienst am Nächsten nicht zu verlernen?

Das aufgebrochene Herz

Wort der Schrift Als sie aber zu Jesus kamen und sahen, dass er schon tot war, zerschlugen sie ihm die Beine nicht, sondern einer der Soldaten stieß mit der Lanze in seine Seite, und sogleich floss Blut und Wasser heraus. Und der, der es gesehen hat, hat es bezeugt, und sein Zeugnis ist wahr. Und er weiß, dass er Wahres berichtet, damit auch ihr glaubt.
Denn das ist geschehen, damit sich das Schriftwort erfüllte: Man soll an ihm kein Gebein zerbrechen. Und ein anderes Schriftwort sagt: Sie werden auf den blicken, den sie durchbohrt haben. (Joh 19,33-37)

Wort in den Tag Die Heilsgeschichte des Gottesvolkes findet ihr Ziel im Bild des aufgebrochenen Herzens, aus dem Blut und Wasser strömen. Die lange Erfahrung Israels auf der Wüstenwanderung, dass Gott die Brunnen und Quellen mitten in der Dürre schenkt, findet seine Erfüllung im geöffneten Herzen des Gekreuzigten. Alle Quellen, die den Durst der Menschen je gestillt haben, finden ihr Urbild im Brunnen der Liebe, der nie mehr versiegt. Der Evangelist Johannes fasst das Mysterium unseres Glaubens zusammen im „aufgebrochenen Herzen des gekreuzigten Christus". „Einer der Soldaten stieß mit der Lanze in seine Seite, und sogleich floss Blut und Wasser heraus." Für die Kirchenväter war das Wasser Symbol für das Sakrament der Taufe, das Blut für die Eucharistie. Auf der Wüstenwanderung sind uns zwei lebensspendende Quellen geschenkt: die Taufe und die Eucharistie.
Der Künstler Toni Zenz hat in der St. Ewaldi-Kirche in Dortmund einen Taufbrunnen geschaffen, der die Begegnung einer Frau mit dem Gekreuzigten zeigt. Schon im Mittelalter wird die „Ecclesia", die Kirche, als Frau dargestellt. Aus der Seitenwunde des Gekreuzigten entspringt die Kirche. Hier ist ihr Geburtsort und ihre Heimat. Hier ist die Quelle des Lebens für alle Christen. „Sie werden auf den schauen, den sie durchbohrt haben." (Joh 19,37) Der Taufbrunnen wird zum Grab des alten Menschen und zugleich zum Schoß, aus dem der neue, aus Gott

geborene Mensch ersteht. Das Taufbecken wird zur Brunnenstube, in der die nie versiegende Quelle entspringt. Der Ur-Ort der Taufe ist das Herz Jesu.

Im Bild von TONI ZENZ hat die Frau keine Berührungsängste. Sie sucht die Nähe Jesu. Sie schmiegt sich an den Gekreuzigten. Die Mystik sieht die Liebesminne dargestellt im Bild der „Braut des Lammes“. Schon im Buch der Geheimen Offenbarung bereitet sich die Braut zur „Hochzeit des Lammes“. „Der Geist und die Braut aber sagen: Komm! Wer hört, der rufe: Komm!“ (Offb 22,17). Die Frau nimmt die Sehnsucht aller Getauften mit in diese Begegnung.

Unendlich liebevoll neigt Christus sein Haupt dem Gesicht der Frau zu. Er haucht sein Leben aus. Die Frau hält ihr Gesicht in den Odem des Sterbenden und wird beatmet zu neuem Leben. Sie öffnet ihre Hände und legt sie wie eine Schale um die Herzwunde des Gekreuzigten. Aus dem aufgebrochenen Herzen strömen die lebensspendenden Wasser. Alle Sehnsucht wird gestillt an der Quellwunde seines Herzens, dem Brunnen der Liebe, der nie versiegt. „Wer durstig ist, der komme. Wer will, empfange umsonst das Wasser des Lebens.“ (Offb 22,17)

Impuls

Der Brunnen der Liebe, der alle Sehnsucht stillt.
Die Wunde seines Herzens, die
zur Quelle der Heilung wird.
Die Ströme von lebendigem
Wasser, die nie versiegen.
Die Oase der Ruhe, die alle
Freundschaft begründet.

Der Hauch seines Geistes, der
zu neuem Leben beatmet.
Der Odem aus ihm, der in uns
lebt und der uns erfrischt.
Der Atem in mir, der den
Pulsschlag der Liebe tanzen lässt.

Die Hochzeit des Lammes, die von der Braut ersehnt.
Die Begegnung der Liebenden, die ihre Herzen öffnet.
Der Geburtsort der Getauften, die aus Gräbern auferstehen.
Das Fest der Befreiten, die den Erlöser finden.

Taufwasserweihe in der Osternacht

Wort der Schrift In jenen Tagen kam Jesus aus Nazaret in Galiläa und ließ sich von Johannes im Jordan taufen. Und als er aus dem Wasser stieg, sah er, dass der Himmel sich öffnete und der Geist wie eine Taube auf ihn herabkam. Und eine Stimme aus dem Himmel sprach: Du bist mein geliebter Sohn, an dir habe ich Gefallen gefunden. (Mk 1,9-11)

Wort für den Tag Jesus steigt in die Fluten des Jordan hinab. Er wird vom Wasser ganz umschlossen. Als er wieder auftaucht, öffnet sich der Himmel: „Du bist mein geliebter Sohn." Auch der Christ wird durch das Wasser der Taufe neu geboren. Der alte Mensch wird begraben. Als Töchter und Söhne Gottes erstehen wir zu neuem Leben. Diese Verwandlung zum Leben feiern die Christen in der Osternacht. Alles, was tot an uns ist, wird abgewaschen.

Die Segnung des Taufwassers in der Osternacht ist ein zeichenhaftes Geschehen. Der Priester senkt die brennende Osterkerze in das Wasser im Taufbecken und spricht: „Durch deinen geliebten Sohn steige herab in dieses Wasser die Kraft des Heiligen Geistes, damit alle, die durch die Taufe mit Christus begraben sind in seinem Tod, durch die Taufe mit Christus auferstehen zum ewigen Leben." Dass man dabei die brennende Osterkerze ins Wasser taucht, ist ein sprechendes Symbol: Das Licht, Zeichen des Lebens, überwindet das Element des Todes. Und aus dem Wasser steigt das Licht wieder auf. So wird der Tod ins Leben verwandelt.

Die Liturgie der Osternacht ist voller Symbole. Im Lobpreis Gottes über dem Wasser heißt es:

„Allmächtiger, ewiger Gott, deine unsichtbare Macht bewirkt das Heil der Menschen durch sichtbare Zeichen. Auf vielfältige Weise hast du das Wasser dazu erwählt, dass es hinweise auf das Geheimnis der Taufe: Schon im Anfang der Schöpfung schwebte dein Geist über dem Wasser und schenkte ihm die Kraft, zu retten und zu heiligen. Selbst die Sintflut war ein Zei-chen der Taufe, denn das Wasser brachte der Sünde den Untergang und

heiligem Leben einen neuen Anfang. Als die Kinder Abrahams, aus Pharaos Knechtschaft befreit, trockenen Fußes das Rote Meer durchschritten, da waren sie ein Bild deiner Gläubigen, die durch das Wasser der Taufe aus der Knechtschaft des Bösen befreit sind."

Nach vierzig Tagen der Fastenzeit, in denen mir das Wasser sein Geheimnis erzählt hat, werde ich die Osternacht ganz anders mitfeiern und aufmerksam hinhören, wenn ich die Worte bei der Weihe des Osterwassers vernehme:

„Im Anfang hast du das Wasser erschaffen, damit es der Erde Fruchtbarkeit bringt und uns Menschen zum frischen Trunk und zum reinigenden Bad wird. Du hast das Wasser in Dienst genommen für das Werk deines Erbarmens: Im Roten Meer hast du dein Volk durch das Wasser aus der Knechtschaft Ägyptens befreit, in der Wüste mit Wasser aus dem Felsen seinen Durst gestillt. Die Propheten sahen im Bild des lebendigen Wassers den Neuen Bund, den du mit uns Menschen schließen wolltest. Durch das Wasser, das Christus im Jordan geheiligt hat, reinigst du im Bad der Taufe den sündigen Menschen und schenkst ihm das neue Leben deiner Kinder. Darum sei dieses Wasser eine Erinnerung an unsere Taufe, es vereinige uns in österlicher Freude mit unseren Brüdern und Schwestern, die in dieser heiligen Nacht getauft werden, und mit allen, die aus dem Wasser und dem Heiligen Geist wiedergeboren sind zum ewigen Leben."

Impuls
Tauferneuerung

Ich bekenne mich zu dem lebendigen Wasser,
das sprudelt, wenn ich hart werde,
das reinigt, wenn sich der Schatten einnistet,

das aufweckt, wenn ich einzuschlafen drohe,
das belebt, wenn ich Leben verhindere,
das immer noch fließt, wenn ich ausgetrocknet bin.

Ich bekenne mich zu dem, der das lebendige Wasser gibt:
zu dem Gott, der aus Felsen Wasser schlagen ließ,
zu dem Gott, der selbst steinerne Tempel von Flüssen durchfluten ließ,
zu dem Gott, der feinste Tropfen in siebenfarbigem Licht
zum Regenbogen der Versöhnung verwandelte,
zu dem Gott, der sein auserwähltes Volk ein Land
voll fließendem Honig finden ließ,
zu dem Gott, dessen Bäume sich spiegeln an stillen Wassern
in seiner himmlischen Stadt.

Ich bekenne mich zu dem, der das lebendige Wasser ist:
zu dem Sohn, der untertauchte in den Fluten des Jordan,
zu dem Sohn, der der Samariterin den reinen Wein einschenkte,
bis sie dürstete nach Gerechtigkeit und Liebe,
zu dem Sohn, der tobendes Meer zähmte,
bis sich sanft die Wellen kräuselten,
zu dem Sohn, der Fischern das Handwerk legte
und sie zu Menschenfischern wandelte,
zu dem Sohn, der mit dem feurigen Wasser des Geistes tauft.

Ich bekenne mich zu dem, der Feuer und Wasser verbindet:
zu dem Geist, der tote Augen zu glänzenden Sternen macht,
zu dem Geist, der aus salzigen Bächen Freudentränen sprudeln lässt,
zu dem Geist, der trockenes Wasser verwandelt in herzbelebenden Wein,
zu dem Geist, der die Angst nimmt vor dem ungeheuren Ozean
und dem wassertriefenden Leviathan,
zu dem Geist, der das faulige Wasser der Schuld fallen lässt
in den erfrischenden Wasserfall der unverdienten Vergebung.

So bekenne ich mich zu meiner Taufe, weil ich glaube an den Vater, der lebendiges Wasser gibt,
weil ich glaube an den Sohn, der lebendiges Wasser ist,
weil ich glaube an den Geist, in dem sich Feuer und Wasser verbinden
zum lebendigen Quell ewigen Lebens.[26]

Die Erscheinung des Auferstandenen am See
(Joh 21,1-19)

Danach offenbarte sich Jesus den Jüngern noch einmal. Es war am See von Tiberias, und er offenbarte sich in folgender Weise. Simon Petrus, Thomas, genannt Didymus (Zwilling), Natanaël aus Kana in Galiläa, die Söhne des Zebedäus und zwei andere von seinen Jüngern waren zusammen. Simon Petrus sagte zu ihnen: Ich gehe fischen. Sie sagten zu ihm: Wir kommen auch mit. Sie gingen hinaus und stiegen in das Boot. Aber in dieser Nacht fingen sie nichts.
Als es schon Morgen wurde, stand Jesus am Ufer. Doch die Jünger wussten nicht, dass es Jesus war. Jesus sagte zu ihnen: Meine Kinder, habt ihr nicht etwas zu essen? Sie antworteten ihm: Nein. Er aber sagte zu ihnen: Werft das Netz auf der rechten Seite des Bootes aus, und ihr werdet etwas fangen. Sie warfen das Netz aus und konnten es nicht wieder einholen, so voller Fische war es.
Da sagte der Jünger, den Jesus liebte, zu Petrus: Es ist der Herr! Als Simon Petrus hörte, dass es der Herr sei, gürtete er sich das Obergewand um, weil er nackt war, und sprang in den See.
Dann kamen die anderen Jünger mit dem Boot – sie waren nämlich nicht weit vom Land entfernt, nur etwa zweihundert Ellen – und zogen das Netz mit den Fischen hinter sich her.
Als sie an Land gingen, sahen sie am Boden ein Kohlenfeuer und darauf Fisch und Brot.
Jesus sagte zu ihnen: Bringt von den Fischen, die ihr gerade gefangen habt. Da ging Simon Petrus und zog das Netz an Land. Es war mit hundertdreiundfünfzig großen Fischen gefüllt, und obwohl es so viele waren, zerriss das Netz nicht.
Jesus sagte zu ihnen: Kommt her und esst! Keiner von den Jüngern wagte ihn zu fragen: Wer bist du? Denn sie wussten, dass es der Herr war. Jesus trat heran, nahm das Brot und gab es ihnen, ebenso den Fisch. Dies war schon das dritte Mal, dass Jesus sich den Jüngern offenbarte, seit er von den Toten auferstanden war.
Als sie gegessen hatten, sagte Jesus zu Simon Petrus: Simon, Sohn des Johannes, liebst du mich mehr als diese? Er antwor-

tete ihm: Ja, Herr, du weißt, dass ich dich liebe. Jesus sagte zu ihm: Weide meine Lämmer! Zum zweitenmal fragte er ihn: Simon, Sohn des Johannes, liebst du mich? Er antwortete ihm: Ja, Herr, du weißt, dass ich dich liebe. Jesus sagte zu ihm: Weide meine Schafe! Zum drittenmal fragte er ihn: Simon, Sohn des Johannes, liebst du mich? Da wurde Petrus traurig, weil Jesus ihn zum drittenmal gefragt hatte: Hast du mich lieb? Er gab ihm zur Antwort: Herr, du weißt alles; du weißt, dass ich dich lieb habe. Jesus sagte zu ihm: Weide meine Schafe! Nach diesen Worten sagte er zu ihm: Folge mir nach!

Quellennachweis

1 HERRMANN HESSE, Siddharta, aus: Sämtliche Werke, Band 3, © Suhrkamp Verlag Frankfurt 2002, S. 81.
2 CONRAD FERDINAND MEYER, Der Gesang des Meeres, aus: Ingrid Riedel, Unergründlich wie das Meer, © Verlag Herder, Freiburg 2002.
3 GÜNTHER GRASS, Ei (Quelle unbekannt).
4 ANTOINE DE SAINT-EXUPÉRY, Wind, Sand und Sterne, © Karl Rauch Verlag, Düsseldorf 1999, S. 96f.
5 HEINRICH HEINE, Reisebilder II – Die Nordsee, 1828.
6 ANNE MORROW LINDBERGH, Muscheln in meiner Hand, © Piper Verlag GmbH, München 1955, S. 32.
7 JANOSCH, Das große Janosch-Buch, Weinheim 1976, S. 258f.
8 BERTOLT BRECHT, Den Nachgeborenen, aus: Werke. Große kommentierte Berliner und Frankfurter Ausgabe, Band 13, © Suhrkamp Verlag Frankfurt 1993.
9 CHARLES PÉGUY, Hans Urs von Balthasar, Das Tor zum Geheimnis der Hoffnung, Freiburg 1993.
10 JÖRG ZINK, Wie Sonne und Mond, Stuttgart 1980.
11 NELLY SACHS, Ausgewählte Gedichte, Freiburg 1963.
12 Text und Bild: JÖRG ZINK, Tief ist der Brunnen der Vergangenheit, Stuttgart 1995, S. 138.
13 RABINDRANATH TAGORE, Collected Poems, Penguin Books 1993, S. 146.
14 STEFAN ANDRES, Der Knabe im Brunnen, München/Zürich 1990, S. 36f.
15 nacherzählt aus: H. HALBFASS, Der Sprung in den Brunnen, Düsseldorf 1996, S. 13f.
16 ERIKA LORENZ (Hrsg.), Teresa von Avila, Ich bin ein Weib – und obendrein kein gutes, © Verlag Herder, Freiburg 11. Auflage 2001.
17 KURT RUH, Geschichte der abendländischen Mystik, Verlag C.H. Beck, München 1993, Band 2, S. 214.
18 GERHARD B. WINKLER (Hrsg.), Bernhard von Clairvaux, Sämtliche Werke, Innsbruck 1996, Band 7, S. 385-389.
19 Die Schriften des Heiligen Franziskus von Assisi, Einführung, Übersetzung, Erläuterungen v. L. Hardick und E. Grau, Werl 1982, S. 214.
20 CATERINA VON SIENA, Gespräch von Gottes Vorsehung, © Johannes Verlag Einsiedeln, Freiburg 4. Auflage 1993, S. 113.
21 ERIKA LORENZ (Hrsg.), Teresa von Avila, Ich bin ein Weib – und obendrein kein gutes, © Verlag Herder, Freiburg 11. Auflage 2001, S. 45.
22 FRANZ VON SALES, Philothea, Einführung in das Leben aus christlichem Glauben, Wien 1986, S. 88f.
23 Regenbogen – buntes Licht, aus: Detlev Jöcker, Reinhard Bäcker, Da hat der Himmel die Erde berührt, Menschenkinder Verlag, Münster 1990.
24 Regenbogenlied, aus: Detlev Jöcker, Lele Jöcker, Rolf Krenzer, Solange die Erde lebt, Menschenkinder Verlag, Münster 1985.

25 Regenbogen – buntes Licht, aus: Detlev Jöcker, Reinhard Bäcker, Da hat der Himmel die Erde berührt, Menschenkinder Verlag, Münster 1990.
26 Kurt Weigel, Es gibt Zeiten, da möchte ich auf einer Insel wohnen, Münster 2001, S. 124.

Bildnachweis

S. 10 Blumen im Wasser, Erich Purk
S. 14 Regenwolke, Erich Purk
S. 18 Hände im Wasser, Schwester Marieta Stohldreiyer
S. 26 Geysir in Island, Erich Purk
S. 28 Eiger und Mönch, Erich Purk
S. 31 Wüste (Ausschnitt)
S. 38 Wasserfall Island, Erich Purk
S. 42 Strand von La Palma, Monika Schwerdt-Zumkley
S. 45 Segelboot, Kurt Weigel
S. 49 Alter Leuchtturm von Wangerooge, H. Huesmann
S. 51 Altar von St. Willehard auf Wangerooge, Kurt Weigel
S. 62 Sommernacht, Erduard Munch, 1898
S. 65 Flussufer, Erich Purk
S. 72 Rose, seelenfarben.de
S. 75 San Juan de la Pena, (9.Jh), Pilgerweg nach Santiago, Erich Purk
S. 82 Brunnen in der Wüste, Georg Röwekamp
S. 84 Brunnen in der Wüste Juda, Jörg Zink
S. 92 Die Frau am Jakobsbrunnen, Sieger Köder
S. 94 Brunnen in Rom, Erich Purk
S. 105 Fluss in Island, Erich Purk
S. 109 Campanula (Glockenblume), Monika Schwerdt-Zumkley
S. 115 An einer Quelle, Schwester Marieta Stohldreiyer
S. 120 Krüge (Quelle unbekannt)
S. 124 Jona und der Fisch, Buchmalerei, Bibel der Zisterzienserabtei, Heisterbach (um 1240)
S. 131 Taufbrunnen in St. Ewaldi, Dortmund-Aplerbeck, Toni Zenz
S. 132 Taufbrunnen in St. Ewaldi, Dortmund-Aplerbeck, Toni Zenz
S. 139 Romanischer Taufbrunnen auf dem Pilgerweg nach Santiago, Erich Purk

Spirituelle Fastenbegleiter

Erich Purk
Weniger ist mehr
134 Seiten
ISBN 3-460-**27112**-4

Fasten – Verzicht, um das Wesentliche wieder in den Blick zu bekommen.
Dieser spirituelle Fastenbegleiter bietet Meditationsimpulse und Übungen für den Weg zu mehr Lebendigkeit und Freiheit.

Erich Purk
Wachsen wie ein Baum
109 Seiten
ISBN 3-460-**27115**-9

Die Fastenzeit lädt ein, sich auf die eigenen Wurzeln zu besinnen. Unser geistliches Leben gleicht in vielem dem Leben von Bäumen.
Bäume als Sinnbilder für das menschliche Leben bilden das Thema des Fastenbegleiters.

Jeweils:
Format: 13 x 20 cm;
kartoniert

Verlag
Katholisches Bibelwerk
Silberburgstraße 121
70176 Stuttgart
www.bibelwerk.de

Erich Purk im KBW

Erich Purk (Hrsg.)
Ortswechsel
Auf neue Art Kirche sein
Format 14,8 x 21 cm; 176 Seiten; kartoniert
ISBN 3-460-**27113**-2
Erfahrungsberichte und Entwicklungen aus der Arbeit in der Passanten-, City-, und Internetseelsorge, über geistliche Zentren und Weggemeinschaften

Erich Purk (Hrsg.), Thomas Dienberg, Roland Breitenbach
Hell wie ein Stern
Der spirituelle Wegbegleiter durch die Advents- und Weihnachtszeit
Format 13 x 20 cm; 92 Seiten; kartoniert
ISBN 3-460-**27116**-7

Erich Purk
leben aus der Wüste
Spirituelle Impulse für den Tag
Doppel-CD
ISBN 3-460-**32936**-X
Ein Hörbuch für alle, die nach spiritueller Begleitung suchen und neu aus den Quellen des Glaubens schöpfen möchten.

Verlag Katholisches Bibelwerk
Silberburgstraße 121
70176 Stuttgart
www.bibelwerk.de

„Himmlische" Geschenke

von Pater Erich Purk

Ein Wort für dich

Mit Bildern von Michael Blum
Format 18 x 18 cm; 40 Seiten; vierfarbig; Cover mit Goldfolienprägung
kart.: ISBN 3-460-**33155**-0
geb.: ISBN 3-460-**27220**-1
Ein wahrhaft glänzendes Geschenk – nicht nur für goldene Anlässe ...

Einen Engel für dich

Mit Bildern von Michael Blum
Format 18 x 18 cm; 40 Seiten; vierfarbig; Cover mit Goldfolienprägung
kart.: ISBN 3-460-**33152**-6
geb.: ISBN 3-460-**27218**-X
Ein einfühlsames Geschenkbuch zum Thema „Engel" mit 16 Farbbildern und inspirierenden Texten.

Einen Engel für dich

Das HörBuch – CD
ISBN 3-460-**32937**-8
Worte des Trostes und der Ermutigung für den Alltag.

Verlag Katholisches Bibelwerk
Silberburgstraße 121
70176 Stuttgart
www.bibelwerk.de